W0302837

Über dieses Buch Noch während des Ersten Weltkriegs und kurz danach entstanden diese in ihrer dokumentarischen Realistik und leidenschaftlichen Polemik eindrucksvollen Erzählungen, in denen Krleža das operettenhaft verlogene Bild des Krieges mit Trompetenschall und Säbelblinken und den vaterländisch-hehren Zielen dessen erbärmlicher und barbarischer Wirklichkeit im Dreck der Etappe, in den Kasernen und Lazaretten gegenüberstellt.

Krleža bezeigt eine tiefe Solidarität mit den Honveds (ungar. »Vaterlandsverteidiger«), den verachteten gemeinen Landwehrsoldaten und ergreifenden, passiven Helden seiner Erzählungen, die den Krieg nicht wollen und verstehen und denen der eigene Hauptmann mehr feind ist als der russische Bauer auf der anderen Seite des Schützengrabens. »Sie werden fallen, verschwinden, und niemand wird je wissen, daß sie gelebt haben.«

Krležas mitreißende Anklage gegen den Krieg hat bis heute nichts von ihrer Unmittelbarkeit und suggestiven Wirkung eingebüßt und leider auch nichts von ihrer Notwendigkeit verloren.

Der Autor Miroslav Krleža (1893–1981), neben Ivo Andrić der bedeutendste Repräsentant der modernen jugoslawischen Literatur, war als Sohn eines Polizeioberwachtmeisters zunächst selbst für die militärische Karriere bestimmt. Er besuchte Kadettenschule und Militärakademie. Im Ersten Weltkrieg arbeitete er als Journalist. Krleža war ein streitbarer Humanist, hochgebildet und unangepaßt, der mit seinen sozialrevolutionären Gesinnungen großen Einfluß auf die Jugend hatte. Er hinterließ meisterlich gestaltete Romane, Erzählungen, Verse, Dramen, Essays und publizistische Schriften.

Im *Fischer Taschenbuch Verlag* erschienen außerdem die Romane ›Ohne mich. Eine einsame Revolution‹ (Bd. 5824) und ›Die Rückkehr des Filip Latinovicz‹ (Bd. 5495) und der Erzählungsband ›Tausendundein Tod‹ (Bd. 5494).

Miroslav Krleža

Geschichten gegen den Krieg

Aus dem Serbokroatischen von
Milica Sacher-Masoch, Reinhard Federmann
und Milo Dor

Fischer Taschenbuch Verlag

Aus dem Serbokroatischen von Milica Sacher-Masoch,
Reinhard Federmann und Milo Dor (›Baracke 5 b‹)

Veröffentlicht im Fischer Taschenbuch Verlag GmbH,
Frankfurt am Main, September 1988

Die hier versammelten Erzählungen stellen eine Auswahl
aus dem im Athenäum Verlag, Frankfurt am Main, erschienenen
Erzählungsband ›Der kroatische Gott Mars‹ dar.
Lizenzausgabe mit freundlicher Genehmigung
des Athenäum Verlags, Frankfurt am Main
Copyright der deutschsprachigen Ausgabe:
© 1964 by Stiasny Verlag GmbH, Graz, Wien, Köln
Die serbokroatische Originalausgabe erschien 1922
unter dem Titel ›Hrvatski bog Mars‹.
Umschlaggestaltung: Buchholz / Hinsch / Hensinger
unter Verwendung eines Bildes von Hans Dahlem
Gesamtherstellung: Clausen & Bosse, Leck
Printed in Germany
ISBN 3-596-25496-5

Inhalt

Die Schlacht bei Bistritza Lesna

Diese Geschichte einer Episode der Schlacht bei Bistritza Lesna wurde geschrieben zu Ehren des gefallenen Korporals Pessek Mathias und sechs gefallener Soldaten der zweiten Kompanie des zweiten königlich-ungarisch-kroatischen Honvedbataillons, und zwar:

Trdak Veith, Blaschek Franz,
Loboretz Stefan, Lovrek Stefan,
Petsak Emmerich und Kriesch Mathias,

die beim heldenhaften Angriff auf die Kote 313 fielen und so ihr königlich-ungarisch-kroatisches Honvedblut zu Ehren des tausendjährigen Königreichs des heiligen Stefan vergossen – im Sinne des ungarisch-kroatischen Ausgleiches vom Jahre 1868. Friede ihrer Asche!

Der Korporal der Reserve Pessek Mathias und die sechs Helden dieser unserer Erzählung lebten alle das stille und bittere Leben, das Millionen unserer Menschen leben, die sich Jahrhunderte hindurch in unserem Dreck abrackern, ihn in jedem Frühjahr und Herbst umpflügen, um aus ihm eine Handvoll Körner herauszuschinden, zu Ostern oder zu Weihnachten eine Schnitte Weizenkuchen zu essen, an den zwei leuchtenden Tagen, da man die tägliche Last im Kreuz nicht spürt und nur dem Vieh in den Ställen zu trinken gibt, den ganzen Vormittag vor der Kirche steht, raucht und vor sich hinspuckt. In dem jahrhundertelangen Nebel von Fronarbeit und Robot, Rauchfangsteuer, Leibeigenschaft und Prügeln, in diesem feudalen Nebel, der noch im Jahr 1914 unter der Regierung von Franz Joseph I. über unseren Dörfern wie ein trauriger Schleier geweht hat, empfinden alle unsere Helden dieses Leben als etwas vom Herrgott Geschaffenes. Der Großvater und der Urgroßvater (sie sollen nicht beklagt sein) haben so gelebt, was gibt es da nachzudenken und was kann man da tun?

Alles, wie es liegt und steht, hat der Herrgott selbst geschaffen (gelobt sei Er), und die Bauern sind eben arme Teufel, da sie der Herrgott selber arm geschaffen hat. So ist das im Pfarrhof und im Kataster aufgeschrieben, in den Paragraphen, im Gemeindeamt und in den Gesetzen bei Gericht, wo der liebe Gott Herren eingesetzt hat, auf die armen Bauern aufzupassen, damit sie ordentlich die zehn Gebote befolgen, ihre Steuern, Zuschläge und Umlagen bezahlen, zu den Soldaten gehen und, wenn es Gott gefällt, auch in den Krieg ziehen.

Und so haben unsere sieben Honvedsoldaten ihre Schecken und ihre Jokeln und ihre kranken und schwindsüchtigen Lieserln jeden Morgen, Mittag und Abend, jeden Tag, den Gott werden ließ, im Sommer und Winter, bei Regen und Schnee, schon dreißig Jahre zur Tränke geführt. Sie haben geackert und gegraben, Weizen und Gerste gesät, Roggen und Buchweizen, Rüben und Kukuruz, die Weingärten umgegraben, das Gras und das Grummet gemäht und ein drittes Mal geschnitten (wenn der Herbst glücklich und warm war), und das von frühmorgens bis in die Nacht hinein, so daß ihnen das Kreuz weh getan hat. Denn unser Boden ist unfruchtbar und steil, man muß tief ackern und kräftig düngen, damit er nicht versagt.

Und all das ist schwer. Pflügen ist schwer. Säend und eggend durch nasse Furchen zu waten ist schwer. Das Vieh zu warten ist schwer. Ein Ochs ist ein Ochs, und ein Schwein ist ein Schwein, man muß ihnen alles fertig hinstellen. Stroh und Heu und Häcksel und Klee. Der Dünger muß unter ihnen weggekratzt werden, es muß gestreut, das Vieh gestriegelt werden, man muß das alles tun, man muß es, denn wenn man es einen einzigen Tag versäumt, so starrt einem der andere Tag wie der Untergang entgegen, darum muß man! Das Obst muß gepflückt, der Essig gepreßt, der Hanf gebrochen und das Leinen gesponnen werden, denn was aus der Fabrik kommt, ist teuer, und alle Kräfte müssen angespannt werden, damit der Mensch nicht nackt und barfuß krepiert. Denn der Mensch bohrt den Brunnen (ohne Brunnen geht es nicht), das verschlingt Tausende. Er streicht das Haus, es verfällt sonst; die Hütten im Weinberg müssen mit Stroh gedeckt werden, die Drescher fressen ein Zehntel der Ernte auf, und wenn der Bauer sich und das Gesinde bekleiden will, muß er den Stall leeren. Und wo bleiben die Verpflichtungen, die alten Schulden, die Hypotheken und die Advokaten? Die Sorgen haben nie ein Ende. Der Krämer trägt für zwei, drei neue Schüsseln, für einen Glaszylinder und ein paar Bänder Körbe voll Eier und Bohnen weg. Der Opankenmacher auf dem Markt zieht dem Menschen die Haut ab für diese verfluchten Opanken; die Steuern wachsen, die Zehnten ziehen auf die eine, Finanz und Gendarmen auf die andere Seite, die Heger, Kanzlisten, Offiziale, Kaplane, Lehrer, alle tragen etwas weg und stehlen: Eier, Geflügel, Schnaps und Wein, Speck und Nüsse (wie Hamster und Marder), und alle schlagen sie auf den Bauern ein wie auf das Vieh. Der Bauer merkt wohl, daß er irgendwie der Letzte ist und daß man ihm sehr viel aufgebürdet hat; aber wenn er es auch sieht – was hat er davon?

Die Beamten und Gendarmen, die Kasernen und Behörden, die Gemeinden und Akten, die Kanzleien, all das scheint unseren Helden wie eine Maschinerie, die von den Herren Doktoren nur erfunden worden ist, um armselige Lebewesen zur Ader zu lassen, um nachzuschauen, was die Säcke der Bauern enthalten, ihre Schweine und Stuten zu zählen; und diese ganze Maschinerie in ihrem Dreigang: Herrschaft, Doktor und König, und all die Einrichtungen des königlichen Beamtenapparats unterschätzen jene gewaltige, unbesiegbare Lebenskraft in ihnen; wenn unsere Helden über sich und ihr Leben nachdenken, sieht das beiläufig so aus: Das ist meine Hütte, ihr Dach ist steil, der Regen rinnt links und rechts herunter, darum regnet es mir nicht auf den Kopf. Es ist eine gute Erfindung, daß das Wasser nicht auf meinen Kopf rinnt; dieses verrußte warme Dach hat mir mein verstorbener Großvater als Erbe hinterlassen, jetzt gehört es mir, und ich werde es meinem Sohn hinterlassen, weil das eine kluge Sache ist: das Dach über dem Kopf (der Mensch wäre wie ein Vieh, wenn er kein Dach hätte). Ich sitze unter meinem Pilzdach und schaue zu, wie sich der Rauch ringelt, wie das himmlische Wasser fließt und die Äcker bewässert. So ist es recht. Die Frau leckt das Garn wie eine Spinne, im Topf rollen meine Kartoffeln, und es wird sich auch noch ein fettes, geräuchertes Rippchen am Dachboden finden. Das ist alles. Mehr brauche ich eigentlich nicht. Es läßt sich leben! Der Mensch zündet die Pfeife in der Dämmerung an und betrachtet die gelben Augen der Katze im warmen Ochsendunst. Wie Leuchtkäfer blitzen sie. Es läßt sich leben!

Alle diese armseligen Dörfer und Ansiedlungen der Zagorianer Landschaft, wie sie verstreut in den Wäldern und Schluchten liegen, haben in ihrer Vergangenheit zahlreiche Katastrophen erlebt; als dann eines Abends, da man das Getreide drosch und schuftete und alle Dorftennen von den dumpfen Schlägen widerhallten, die Nachricht vom Ausbruch dieses letzten habsburgischen Kriegs kam, da war dieser unglückselige Krieg für die Menschen weder das erste, noch das letzte Unglück. Sie waren schon einigemal bis auf den Grund abgebrannt, an Pest und Cholera dahingestorben, auch vor Hunger und durch gräfliche Hiebe; als die Türken die Festungen

Karlstadt und Drautal überrumpelt hatten, setzten sie die ganze Gegend in Brand, und nach der Katastrophe von Stubitza im Jahre 1573 raubten die österreichischen Arkebusiere aus Parma, Piacenza und Spezia, die Condottieri aus der Schweiz und aus Spanien unter der österreichischen und päpstlichen Flagge alles, was sie konnten, bis zur letzten Wurst im Rauchfang und bis zum letzten Faden im Webstuhl. Im Sinne des »Ausgleichs« von 1868 schossen die ungarischen Gendarmen auf die Leute, die Achtundvierziger und die Veteranen der grünen Kader der Tage von Custozza und Solferino, vergewaltigten deren Frauen und Mädchen, die Frauen gebaren ihre Kinder, trennten sie eigenhändig mit der Sichel vom Nabel und standen am dritten Tag nach der Geburt auf; die Toten wurden wie in alter heidnischer Zeit mit Wein begossen. Daß an den Ufern der europäischen Meere viele gewaltige Kaiserreiche entstanden und untergingen, daß neue Erdteile entdeckt wurden, daß das Leben sich von Grund auf änderte, all das ging diese Menschen hier nichts an.

Jawohl! In den Tälern wurden Kirchen und Gefängnisse erbaut: steinerne Gebäude mit Flaggen und römischen Kreuzen, mit Blitzarbleitern und Orgeln, mit Gittern und Paragraphen; doch alle diese Strafanstalten, Ämter und Kirchen waren gestern noch nicht da, und es mochte sein, daß es diese Kirchen, Schriften und Paragraphen schon morgen nicht mehr geben würde und daß die Dörfer Kalvarienberg, St. Elisabeth und St. Johann wieder wie früher Fuchsendorf oder Wolfsgrub hießen, als ob nichts gewesen wäre! Gelobt sei Jesus Christus!

Weil unsere Leute an die Ereignisse diesen erhabenen Maßstab der Erfahrung legten, war es natürlich, daß sie sich über diesen sogenannten Krieg nicht so sehr aufregten.

»Hei! es gibt Krieg!«

»Ah, mein Gott, Krieg! Was kann man da tun? Die Herren Doktoren werden schon wissen, was sie wollen, wenn sie diesen Krieg machen.«

»Das ist Sache der Herren, das ist ihr Krieg!«

Manchmal kam die Nachricht, daß diesem oder jenem der Fuß abgerissen worden sei, und, bei Gott, manchmal auch der Kopf. Die Frauen begannen nach Jodoform zu riechen, man hörte, daß manche in den Grünen Kader eintraten; (aber der rupfte mehr die Reichen als die Knechte, dieser Grüne Kader, es wird schon werden, was werden wird)!

»Es ist schon dagewesen, daß kein Krieg war, und es wird wieder so werden, daß es keinen gibt.«

»Es ist zwar wahr, daß er die Frauen verdorben hat, aber die Männer in den Kasernen und Spitälern sind auch nicht besser geworden.«

»Jedem das Seine. Wer am Leben bleibt, wird sehen. Alles hat seine Zeit. Jede Gewalt zu ihrer Zeit.«

Es begann als Idylle. Den armen Waldarbeitern und Knechten, die ein ganzes Leben lang mit dem Hornvieh zusammengepfercht im Stall geschlafen hatten, schien das Geschehen in den asphaltierten Städten (wenn es dort regnete, glänzte das Trottoir wie ein Spiegel) im ersten Augenblick leichter als die verzweifelte, dunkle, schwere Arbeit, sie hatten das Gefühl, als seien sie für eine Minute aus dem unerträglich schweren Sklavenleben emporgetaucht. Sie hatten von einem eigenartigen Land reden hören, dem Schlaraffenland, wo die gebratenen Enten und Hühner den Menschen in den Mund fliegen, auf den Wiesen Schweine und am Spieß gebratene Spanferkel weiden, silberne Uhren und Ketten auf den Bäumen hängen; dieses Leben in der Stadt schien ihnen in den ersten Tagen wie solch ein Schlaraffenland. Überall Fleischhauereien voll Geselchtem. Keulen, Rippen und roter Speck von dicken

Schweinen, die tödlichen Wunden fein mit fettem, schwarzem Ruß verschmiert, durch die blutigen Löcher Nägel gesteckt, da hängen ausgestopfte Därme, fette Würste baumeln überall, die Grammeln duften in den Porzellanschüsseln, die mit Draht umflochten sind, damit sie nicht auseinanderfallen. Lauter Selchfleisch. Städte voll Geselchtem! Die Schinken hängen wie Fahnen. Am Aushängeschild der Fleischhacker weiße, abgeschnittene Ferkelköpfe, zerrissene Kälber rings um die Kirche, weiße Laken im Wind, alle schön mit frischem, duftendem Blut begossen, blutige Abdrücke von Fleischerhänden auf den Laken; lauter feine Friseurläden, die nach feinster Seife duften, ihre Messingschilder knarren und winseln im Wind, daß es eine wahre Freude ist. Und wieviele berühmte Gasthäuser mit Schildern, herrlich bemalt, einmal mit schwarzen Katzen, Kanonen, Bäuerinnen, dann wieder mit weißen Katzen, gerupften Hühnern mit gebrochenen Gelenken, auf fünfzackige Gabeln gespießt, große Gläser voll schaumigen Biers, in den Auslagen fette Palatschinken, Krapfen, Schmalzgebackenes, alles duftet, alles singt. Wie herrlich muß das am Sonntagnachmittag sein, wenn der Mensch seine ganze Löhnung in der Tasche trägt, ein Glas Slivowitz oder Gewürzschnaps trinkt, es mit einem Lebzeltherz versüßt und mit Wein und Gespritztem begießt, wenn dann die Mädchen kommen, Tamburitza und Harmonika, die Schenke zittert vom Tanz, die Frauenbrüste sind warm, du beißt hinein und spürst auf dem entzündeten Gaumen den salzigen Schweiß des Frauenkörpers und Blut; du tanzt wie der blutige Fasching, du bist herrlich besoffen, überall Dienstmädchen, gestärkte Unterröcke, rote Bänder, nackte, schwarze, dreckige Knie und Hüften, Schütteln, Tamburitzen, Baßgeigen, du-du, du-du, dudel-dudel-du-die Tante liebt das Häschen, ju-hu-hu, juh-juh, ju-hu-hu...

Der Korporal der Reserve Mathias Pessek und die Landwehrsoldaten Veith Trdak, Franz Blaschek, Stefan Loboretz, Stefan Lovrek, Emmerich Petsak und Mathias Kriesch hatten die Sache mit dem Krieg auf diese idyllische Weise mit einem feurigen Kolo am Sonntagnachmittag begonnen; aber die Sache war, bei Gott, nachher gewachsen und hatte sich wie eine Wunde entzündet, und unsere Helden mußten, bei Gott, hunderte und hunderte Kilometer weit mit dem Zug fahren oder zu Fuß gehen, jammerten viel in Spitälern und Gefängnissen und erkannten viele Wahrheiten, bis zu jenem Sonntagmorgen, da es ihnen bestimmt war, einer nach dem andern beim Angriff auf die Kote 313 bei Bistritza Lesna den Heldentod zu sterben.

Als es an jenem Morgen zum Gefecht kommen sollte, war der Honved Veith Trdak der traurigste von allen. Er hatte von seinen Kindern geträumt und erinnerte sich an die Leere, jene furchtbare Leere, in die er, es war noch keine fünf Tage her, geblickt hatte. Etwas schnürte ihm so sehr die Kehle zusammen, daß er nicht einmal seinen schwarzen Kaffee austrinken konnte, sondern ihn in den Kot schüttete. Gerade vor seinem Einrücken zur Marschkompanie hatte er seine Frau begraben; in seinem Haus waren seine zwei Kinder zurückgeblieben, der ältere Knabe war sieben und der jüngere vier Jahre alt. Mit der Verwandtschaft seiner Frau und mit seiner eigenen hatte er sich zerstritten, und bis zu dem Augenblick, da das Telegramm kam, daß er ins Feld müsse, hatte er viele Nächte jammernd auf dem stinkenden Strohsack verbracht, weil er nicht wußte, wie er für seine Kinder sorgen sollte. In jener letzten Nacht zu Hause kam ihm der Gedanke, zur erlauchten königlich-kroatisch-slawonisch-dalmatinischen Landesregierung oben auf dem Markusplatz zu gehen, direkt zum erlauchten Banus, um sich zu beklagen und ihn zu fragen, was mit seinen Kindern geschehen werde, wenn er an die Front kam. Der erlauchte Banus sollte etwas in seiner Sache unternehmen. So hatte unser Veith Trdak viele Türen passiert und vergebens an viele Türen geklopft; er wußte nicht, ob er seine Mütze auf dem Kopf behalten sollte, um wie ein richtiger Soldat zu grüßen, oder sich mit der Mütze verbeugen sollte wie ein richtiger Bauer und Knecht, wenn er um sein Recht bat. So salutierte er irgendwie barhäuptig, und man lachte ihn aus; irgendwo schmissen sie ihn hinaus und sagten ihm, er sei ein gewöhnliches Schwein, einen Amtsraum mit der Mütze auf dem Kopf zu betreten, »vielleicht, damit sich die Läuse auf seinem Kopf nicht erkälten«! Auf diesem Kreuzweg durch die endlosen Korridore und Zimmer der königlichen Landesregierung stieß er auf ein Männlein, das gefühllose Augen hatte und über dessen Kopf ein gelbes Gaslicht geräuschvoll zitternd brannte; im Raum herrschte Halbdunkel.

Veith Trdak sang auch jenem Mann sein Klagelied herunter. Der Alte hörte ihn mit gefühllos gläsernen Augen an, schaute über ihn in die Luft, stopfte Riz-Abadie-Hülsen mit mittelfeinem bosnisch-herzegowinischen Tabak und schichtete eine Zigarette nach der anderen in die Schachtel, die fast schon voll war.

»Ja! Schon recht, Gevatter. Ich habe das alles schon gehört, mein Lieber. Ja. Aber wo soll ich Ihre Kinder unterbringen? Wir haben hier keinen Platz für Ihre Kinder! Wir können ein Protokoll aufnehmen! Das ist alles, mein lieber Gevatter!«

»Ja! Aber ich bitte schön, Herr Doktor – oder sagen wir – Herr Oberst! Was soll ich mit dem Protokoll? Ich weiß nicht, wohin ich mit den Kindern soll!«

»Wieviel Grund haben Sie?«

»Zwei Morgen!«

»Und ein Haus?«

»Auch ein Haus!«

»Na! Warum sollen die Kinder nicht im Haus bleiben?«

»Weil, Herr Doktor... Gott sei mit Ihnen! Aber der älteste ist sieben Jahre alt! Kann er denn allein bleiben?«

»Sehen Sie, Gevatter, Sie bekommen eine monatliche Unterstützung! Geben Sie jemandem im Dorf diese Unterstützung!«

»Aber was macht denn diese lächerliche Unterstützung aus? Dafür tut keiner etwas!«

»Geben Sie sie zu Verwandten! Sie werden doch Verwandte haben?«

»Hab ich, hab ich, aber es wäre besser, wenn ich keine hätte! Was ist das für eine teuflische Verwandtschaft? Gott gebe, daß sie das Wasser überschwemmt! Das Gras würde schon fünfmal über mich gewachsen sein, wenn es so gekommen wäre, wie es mir meine Verwandtschaft wünscht. Die Furchen haben sie mir umgeackert, das Haus niedergerissen, was sollen meine Kinder bei solchen Verwandten?«

»Ja! Und was können wir dafür, Gevatter? Wir nehmen die Kinder prinzipiell nicht in die Stadt! Wenn wir sie nämlich nehmen, werden die Kinder verkommen. Sie werden proletarisiert, sie werden arme Schlucker werden, verstehen Sie?«

»Ja. Aber bin ich nicht auch ein armer Schlucker, Herr Doktor? Wir sind doch alle arme Schlucker!«

»Ihre Kinder sollen zu Hause auf dem Grund bleiben! Sehen Sie, Gevatter, unser Volk verkommt sowieso! Was wird denn aus uns werden, wenn wir unsere Scholle verlassen und proletarisiert werden? Ihre Kinder werden Vagabunden in der Stadt werden, Gevatter!«

»Und was soll ich mit ihnen tun? Ich muß sie dann erwürgen, damit sie nicht krepieren. Was kann ich tun, daß meine Kinder nicht herumlungern? Ich vagabundiere auch wie ein Strolch, Gott sei mit Ihnen, Herr Vorstand!«

»Gevatter! Geben Sie sie zu guten Leuten!«

»Ach, ich bitte Sie, wo sind diese guten Leute?«

»Glauben Sie mir, Gevatter, im Interesse Ihrer Kinder, es hat keinen Sinn, sie in die Stadt zu zerren! Es ist im Interesse Ihrer Kinder, sie auf der Scholle zu lassen!«

»Aber wo sollen sie bleiben, wo, um der fünf Wunden Christi willen? Wo sollen sie bleiben?« – stöhnte Veith Trdak verzweifelt in dem dumpfen Zimmer auf dem Markusplatz. Er war dem Weinen nahe, etwas krampfte sich in seiner Brust zusammen. Um Gottes Willen, er ging doch morgen an die Front!

»Es wird sich schon etwas finden, Gevatter. Wir werden an die Gemeinde einen Brief schreiben.«

»Der Dorfschreiber ist ein Dieb und Gauner!«

»Wir werden an den Pfarrer schreiben.«

»Aber ich bitte Sie! Seine Hochwürden –« Veith Trdak machte eine Handbewegung.

»Wir werden allen schreiben, allen, Gevatter! An den Bezirk und das Komitat. Wir werden urgieren, daß Ihre Unterstützung erhöht wird. Jetzt werden sowieso die Unterstützungen erhöht. So, jetzt werden wir schön das Protokoll aufsetzen, mit Ihrer Hilfe, Gevatter, und alles wird gut werden.«

Während Veith Trdak dort oben bei der königlichen Regierung das Protokoll unterschrieb, kam ihm der unangenehme Gedanke, dieses Protokoll sei eine Lüge und es gebe dort oben weder eine königliche Landesregierung noch einen erlauchten Banus, noch irgend etwas anderes, sondern es sei einfach so, daß da nur ein kurzsichtiger Mann Zigaretten stopfte und sie eine neben der anderen in ein Schächtelchen ordnete. Er hatte schon oft darüber nachgedacht, daß diese Protokolle, Kanzleien und Akten Betrug und Lüge seien, berechnet für die Armen und Bauern, aber bis zu diesem Augenblick war ihm das noch niemals so endgültig klar geworden. Alles war Leere, nirgendwo war jemand, nur ein Mann mit gläsernen Augen saß in einem halbdunklen Zimmer und stopfte Riz-Abadie-Zigaretten mit mittelfeinem bosnisch-herzegowinischem Tabak.

Neben dem Honved Veith Trdak im zweiten Glied der zweiten Doppelreihe marschierte der Honved Stefan Loboretz, ein alter Frontsoldat. Die Wunde an seiner rechten Schulter brannte unter dem Riemen des Tornisters und des Mannlichergewehrs. Vergebens schob er das Gewehr von der rechten auf die linke Schulter, der Riemen schnitt ein und schmerzte bei jedem Schritt.

Der Honved Stefan Loboretz war durch Schützengräben und Sturmangriffe hin und her gejagt worden; dann wurde er am Oberschenkel verwundet; nachdem er im Spital genesen war, wurde er wieder an die Front geworfen, wo er an Typhus erkrankte, lange auf den Tod lag, aber doch nicht starb; dann wurde er in die Genesungsabteilung geschickt; er war schon zu einem sechswöchigen Rekonvaleszentenurlaub bestimmt, als eine außerordentliche Kommission in das Spital platzte und ihn mit siebenunddreißig anderen in die Kaserne abkommandierte, zum Ersatzbataillon. Stefan Loboretz war noch keine zwei Monate verheiratet, als sie ihn von seiner Frau fortgerissen hatten, und er empfand diesen sechswöchigen Urlaub als »sein heiliges Recht«, das ihm niemand verweigern durfte. Und doch hatten sie ihm dieses »heilige Recht« geraubt. Er wurde verbittert, er fiel in Apathie und kümmerte sich um gar nichts mehr. Vorher hatte er freiwillig die Schuhe der Unteroffiziere geputzt, und wenn man ihn in die Kantine schickte, lief er hin und zurück; jetzt aber brummte er jedesmal beleidigt, und man mußte ihm eine herunterhauen oder ihm einen Fußtritt in den Hintern versetzen, damit er den Befehl befolgte.

Als die Kompanie für die Front ausgerüstet wurde, stand er auf Wache; am nächsten Tag waren für ihn keine Schuhe da. Die Unteroffiziere sprachen von einer Kiste im Hauptlager, die nicht angekommen sei, später lachten sie ihn aus; er solle nur in zerrissenen Schuhen gehen! »Der Herr, der sich mit Mädchen herumtreibt, während die Kompanie ausgerüstet wird, um an die Front zu gehen...«

»Ich war auf Wache!«

»Kusch! Marsch hinaus, frecher Ochs!«

Er war beim Rapport, er wurde aufgeschrieben, er bekam seine Schuhe nicht, so ging er zum Bataillon, um sich über seine Kompanie zu beschweren, »sein Recht« zu fordern; warum sollte er den Gaunern im Magazin seine Schuhe schenken?

Man beförderte ihn aber beim Bataillonsstab mit einem Fußtritt hinaus, sagte ihm, er sei ein Irrsinniger, ein Hund, ein Schwein, ein Dieb! Er solle sich nur vorsehen, daß man ihn nicht am nächsten Morgen anbinde!

Als er die Stufen des Bataillonsgebäudes hinunterrollte, verletzte er sich am Geländer. In tiefer Niedergeschlagenheit ging er zum Magazin; das Magazin war mit schweren Eisenstangen verbarrikadiert und mit einem Vorhängeschloß abgesperrt. Alles war vor ihm verbarrikadiert und verriegelt; während er nichts anderes forderte als »sein heiliges Recht«.

Man muß das Rechtsgefühl eines alten Frontkämpfers begreifen. In der Zeit vor dem Abtransport, wenn das Blei von acht Magazinen scharfer Patronen an ihrem Gürtel hängt, wenn in den Bataillonsschleifereien die Bajonette geschliffen werden – den ganzen Tag quietschen die Schleifsteine auf blankem Stahl –, fühlen die Frontsoldaten in ihrem Inneren urtümliche Bärenkräfte erwachen. Dieses blutige und tierische Empfinden verliert sich dann allmählich im Dreck der Etappe und in den Qualen des Biwaks, aber in der Kaserne, wo noch alles operettenhaft zugeht, wo die Säbel blitzen, die Trompeten schmettern, die Truppen im Takt marschieren, da fühlen sich die Frontsoldaten als Helden. Und wenn sie sich mit dem Kanzleipersonal vergleichen, fühlen sich diese armen Menschen wie Riesen, die auf große Abenteuer ausgehen; vor ihnen liegen Schlachten, Blut, Feuer, und sie werden nicht unter den warmen Dächern bleiben wie diese Diebe, Schreiber, Schwindler, Marodeure, Strolche, diese grauen, faulen Bäckerschweine und Fouriere. Es geht ihnen gut, diesen Bataillonsigeln! Sie werden nicht sieben lange Nächte in Viehwaggons frieren, die verfluchten Nissen, sondern werden im warmen Zimmer schwarze Flöhe auf das Papier schmieren, Kommißbrot fressen und Wermut schlürfen! Warum sollen sie nicht auch einmal ein wenig in die Welt riechen, wo die Kugeln zwitschern? Da erwacht in den Frontsoldaten der Haß des hungrigen Wolfs, wenn er den warmen Stall riecht. Darum ist es nicht gut, den Frontsoldaten anzufassen, darum meiden erfahrene und friedfertige Schreiber an diesen letzten Tagen den Frontsoldaten wie die Aussätzigen.

Mit gebeugtem Haupt und traurig kam Stefan Loboretz aus dem Magazin zurück; es war ihm schon klar, daß er jetzt mit alten, zerrissenen Schuhen in den galizischen Kot würde abfahren müssen und daß er vom ersten Regen nasse Füße bekommen würde. Als er so in Gedanken mitten auf dem Kasernenhof auf den dicken längerdienenden Stabsfeldwebel Schmidt, den Chef aller Magazine, stieß, beschloß er, noch einmal sein Glück zu versuchen und sich beim obersten Befehlshaber aller Magazin-Schuhe und -Nägel zu beschweren. Er wollte fragen, wie das mit ihm sei, und mitteilen, wie unanständig und schweinisch sie ihn bedient hatten.

Er blieb vor Schmidt stehen und stampfte noch schön stramm mit der Ferse auf, damit die Sache besser aussah, doch Schmidt fletschte aufgeregt die Zähne:

»Geh zum Teufel! Laß mich in Ruhe!«

»Herr Stabsfeldwebel, ich bitte gehorsamst, aber meine Schuhe –«

Der Herr Stabsfeldwebel, den man den ganzen Tag wegen irgendwelcher siebenundzwanzig Kronen und sechzehn Heller in einer Abrechnung bis aufs Blut sekkiert hatte, war gerade dabei, die Warenpartien nach der fraglichen Summe durchzurechnen und die vergessene Ausgabe zu suchen. Loboretz aber brachte ihm alle Kombinationen durcheinander, und so loderte er auf:

»Marsch, du Zagorianer Dieb! Ihr seid alle Diebe!«

»Ich bin kein Dieb, sondern sie haben mir mein Recht gestohlen!«

Schmidt hörte gar nicht, was der da wollte und redete, aber ihn ärgerte die unglaubliche Frechheit dieses gewöhnlichen Honveds, der ihn anhielt und ihm erzählte, daß er stehle, wo sie ihm doch den ganzen Vormittag auf der Division dasselbe vorgesungen hatten, diese ungarischen Schwindler.

So gab er Stefan Loboretz mit voller Kraft eine Ohrfeige, um all diese Komplikationen loszuwerden.

In diesem Augenblick gingen ein paar Köche mit einem großen Kessel voll schwarzem Kaffee über den Hof. Loboretz sprang in besinnungslosem Zorn und dadurch in seiner Frontkämpferehre gekränkt, daß er, der morgen das drittemal an die Front ging, hier in der Garnison von einem diebischen Krämer von Magazineur geohrfeigt worden war, auf den Stabsfeldwebel zu und warf ihn in den Kaffeekessel. Schmidt, im kochenden Kaffee gebadet, riß den Säbel heraus, packte Loboretz an der linken Schulter und stach ihn ins Fleisch. Als Loboretz im Halbdunkel zwischen zerzausten Kastanienbäumen, neben dem verschütteten Kaffee, von der Wache, der Bereitschaft und dem Koch entwaffnet und festgenommen wurde, spürte er genau, daß alles, was hier geschah, äußerst ungut war.

Verwundet, blutig geschlagen, durch die Drohung mit Kriegsgericht, irgendwelchen Paragraphen und Erschießen eingeschüchtert, ging er noch in der Nacht auf einen Kompromiß ein, nur um Komplikationen zu vermeiden, die sich daraus ergeben mußten, daß er das Bajonett gegen einen Vorgesetzten gezückt hatte. So ging er tatsächlich am nächsten Tag fiebernd mit dem betrunkenen Transport ab, der wie eine Horde wilder Tiere brüllte, den Herrgott und alle Heiligen im Himmel verfluchte, alle, vom Kommandanten bis zum Bremser am Zugende, der unausgeschlafen und frierend mit seiner roten Fahne im letzten Waggon saß.

Das ereignete sich zu einer Zeit, da der Krieg schon überreif war und da man in diesen Fronttransporten spürte, daß die Ketten schon irgendwo gerissen waren. Es gab weder Fahnen noch Musik, noch Blumen mehr, die Gulaschkessel wurden umgestürzt; das war kein Gulasch mehr, sondern übelriechender Harn, das war kein Rindfleisch, das waren gekochte Katzen; das harte, verschimmelte Kommißbrot wurde gegen die Fensterscheiben der Wartezimmer geschleudert, die Kellner in den Bahnhofsrestaurationen wurden verprügelt, Lampen zerschlagen; als jemand einen Zigarettenstummel in Ballen von gepreßtem Heu warf, die auf einer ungarischen Station bis zur Höhe des zweiten Stocks gestapelt waren, und als der Transport, vom Feuer rot beleuchtet, sich in Bewegung setzte, lachten alle Leute.

Irgendwo in den Karpaten, wo die Buchstaben auf den Stationen schon kyrillisch geschrieben waren und wo sich gleich hinter dem Bahnhof steile, hohe, dunkle Felsen voll dichten Nadelwalds erhoben, waren eine ungarische Maschinengewehr-Truppe und Tiroler aneinandergeraten. Wie Stefan Loboretz hörte, hatte angeblich ein Ungar seine Portion schwarzen Kaffee nicht bekommen; daraufhin hatten die Magyaren einen schmutzigen Nachttopf in den Wartesaal des Bahnhofs gebracht, und dabei hatte der Stationsvorsteher einen Burschen erschossen; kurz, die Soldaten gerieten aneinander. In dem Rattern der Maschinengewehre, dem Schrillen des Telefons und dem allgemeinen Durcheinander hatte Loboretz plötzlich das starke Bedürfnis, sich in dieses Gefecht einzumischen; denn er war sicher, daß hier wieder einem Menschen sein heiliges Recht genommen worden war.

Als er diesen Gedanken im Waggon laut werden ließ, zuckten die Leute die Schultern, nickten, spuckten aus und streckten sich wieder auf ihre Strohsäcke, müde, hungrig und laut gähnend. Ihre Gesichter waren von dem harten Schnittstroh auf dem Boden des Waggons zerstochen und zerkratzt.

Der Gedanke rumorte und bohrte jedoch während der ganzen Reise in Stefan Loboretz weiter. Warum fuhr er da wieder an die Front, wenn es keine Gerechtigkeit gab? Er war schon draußen im Schützengraben gewesen, er hatte dort schon seine siebzehn Monate hinter sich gebracht. Seinen Urlaub hatten sie ihm nicht gegeben; auch seine Schuhe hatten sie ihm gestohlen, seine Schulter blutig geschlagen, und so warfen sie ihn wieder hinaus in den Nebel, in den Dreck, ins Blut und in den Tod.

Es war ein stiller Sonntagmorgen, die Nebel dampften im Osten, da und dort sah man kaum wahrnehmbare Flecken der Morgendämmerung. Die Kompanie marschierte in Kot und Regen durch den Wald, man hörte nichts als das Klirren der Waffen, der Schaufeln und Laternen. Rechts und links vom Weg fühlte man die enormen Massen des Walds, doch in Stefan Loboretz bohrte unentwegt derselbe Gedanke; wenn er dort unten im Dorf, wo sie übernachtet hatten, in den Stall gekrochen wäre, sich in der Mistgrube versteckt hätte, die ganze Nacht bis zum Abmarsch dort geblieben wäre, so wäre er alles los gewesen und hätte zurückgehen können. Er war verwundet, sie hätten ihn irgendwo im Lazarett aufgenommen. Er hätte sich aus alldem gerettet und hätte nicht leiden müssen wie ein Tier.

Die Kompanie hielt auf einer Waldlichtung im Halbdunkel; die Offiziere warteten auf telefonische Befehle, die Mannschaften erhielten eine Rastpause.

Die Leute rochen den Kampf. Schon seit zwei Tagen hörte man die Kanonen, vorne in den ersten Doppelreihen erzählte jemand mit scharfer, schriller Stimme, daß er sich durchaus nicht an das Gesicht jenes Russen erinnern könne, den er, als er das letztemal hier draußen gewesen war, erstochen hatte. Der Esel hatte sich unter einer Buche versteckt, doch habe er ihn mit dem Bajonett aus dem trokkenen Laub hervorgestöbert. Während der Balgerei habe ihn der Russe in den linken Zeigefinger gebissen; noch jetzt sah man die Spuren des Bisses tief im Finger.

Es roch nach den feuchten Tannenbrettern, aus denen die Divisionstelefonisten auf der Lichtung ihre Hütte zusammengenagelt hatten, Rauch stieg auf; ein Telefonist wusch die Kessel aus und erzählte den Leuten, daß auf demselben Telefonmast vor zwei Tagen ein Spion aufgehängt worden sei. Vor seinem Tod hatte er sich Zwetschgen und Brot gewünscht, um sich noch einmal anzuessen; sie gaben ihm die Zwetschgen, sollte er sich damit anessen! Er konnte aber nicht beißen, denn er war zu aufgeregt, der Saft rann herunter, es sah aus, als fließe Blut aus seinem Mund. Es war aber kein Blut, sondern der Saft von den Zwetschgen.

»Ha-ha!«

»Nicht einmal das Brot konnte er beißen, er zerkrümelte es zwischen seinen Handflächen und verstreute es im Kot, für die Vögel!«

»Und was macht unser Rutzner? Ha?«

»Ach, der hat es besser als wir!«

»Er war ein guter Mensch, schade um ihn!«

Man konnte aus dem Gerede entnehmen, daß dieser »unser Rutzner« höchstwahrscheinlich aufrichtige Sympathien in der Kompanie genossen hatte, daß ihn die Leute gern hatten und schätzten. Im Zivilberuf war er Schreiber gewesen und hatte sich in den Landgemeinden durchgehungert; dann gelang es ihm, in einem muffigen Zimmer der königlich-ungarisch-slawonisch-dalmatinischen Landesregierung auf dem Markusplatz unterzukriechen. Dort zeichnete er mit dem Lineal Register und füllte die Kolonnen mit Zahlen und Buchstaben.

Dieser »unser Rutzner« hatte in seinem Leben einige Bücher gelesen, darüber, daß es keinen Gott gebe und daß die Demokratie unbedingt und ganz sicher die Welt retten werde. All das war in seinem Gehirn durcheinandergeraten; er hatte sich viel den Kopf darüber zerbrochen, wie er eigentlich zu diesem Gott und dieser Demokratie stünde. Rutzners Nerven waren schon längst zerrüttet, seine Nieren waren verbraucht wie ein durchlöchertes Sieb. Er nannte diesen Zustand »nervliche Desorganisation«, und von den Nieren sprach er immer als von etwas, das eine besonders zersetzende Tendenz habe und »das – ist es eben«! Mit dem Satz »das ist es eben« glaubte Rutzner das Verborgenste und Geheimnisvollste im Leben zu erkennen. Er spürte, wie seine Zähne faulten und ausfielen und daß die Drüsen (irgendwelche fetten und vergifteten Drüsen tief in seinem Inneren) nicht funktionierten, wie es sein sollte. Alles in ihm verfaulte. Sein Herz zitterte hilflos unter der Wucht der Ereignisse, er fühlte, wie es flatterte, er spürte, daß seine Nägel, wie die eines Toten, von selbst wuchsen. Während er so darüber nachdachte, »daß es eben so sei«, führte er ein trauriges und unglückliches Leben, bis sie ihn zum Bataillon schickten, wo er zweimal verwundet wurde. Im Zivilleben war es seine Lieblingsbeschäftigung gewesen, auf dem Damm des stinkenden Kanals am Stadtrand spazierenzugehen, dort, wo der Gestank und Kot der ganzen Stadt sich hinwälzte, wo riesige Ratten, so groß wie Kaninchen, herumsprangen. Damals hatte sich Rutzner eine endgültige und traurige Weltanschauung ausgetüftelt, die auf dem Grundgedanken beruhte, daß die ganze Stadt nur dieses stinkenden Kanals wegen existierte. Die Menschen schlachteten einander ab und litten, schluckten Kalorien und reisten, schrieben Bücher darüber, »daß es keinen Gott gibt, und daß die Demokratie die Welt retten wird«, und das alles letzten Endes nur, damit alles Leid und alle Ideen in solch einen schwarzen, kotigen Kanal flossen. Dieser Pessimismus verhärtete sich in Rutzner nach seinen Fronterfahrungen nur noch mehr, er zweifelte sogar an der Demokratie und wollte nicht einmal mehr über sie nachdenken. Egal! Demokratie oder keine Demokratie! Alles endete zum Schluß doch im kotigen Kanal!

Im Dorf Bistritza, wo sie einquartiert waren, hatte Rutzner mit der Frau des Hufschmieds, die er zwei Jahre vorher kennengelernt hatte, etwas angefangen. Es war eine fruchtbare Frau, diese Hufschmiedin, deren Mann man als Hochverräter erschossen hatte. So war sie mit fünf Kindern zurückgeblieben. In dieser Nacht blieb Rutzner bei der Frau, daran war nichts Besonderes. Ein warmes Bett, viel rot-weiß gestreiftes Bettuch, in Schweiß gebadete üppige Frauenhüften in den Federn und irgendwo in der Ferne das Rollen des Kanonendonners. Ein Reiter mit einer Laterne schwankte noch über die kotige Straße, und man hörte, wie das Pferd mühselig die Hufe aus dem Dreck zog. Nebel sank nieder, Rutzner erinnerte sich noch, daß er auf dem Tisch der Küche (deren Boden aus roten Ziegeln bestand) seine Pfeife liegengelassen hatte. Gerade in diesem Augenblick erschien ihm die Welt, durch die der Reiter watete, ungewöhnlich tief. Das Kind im Zimmer begann zu weinen, er stand da, dumm, krank und verlassen.

So fanden sie ihn am nächsten Morgen im Heuschober, an einem dicken Pfosten hängend. In der linken Hand hielt er die Pfeife, und das wirkte ungewöhnlich auf Veith Trdak. Sie waren in derselben Doppelreihe gestanden, wenn »Doppelreihe rechts« kommandiert wurde, hatte sich Veith Trdak um Rutzner wie ein Flügel um den Türstock gedreht, und immer sprang er mit Rutzner in die Doppelreihe hinein; so hatten sie viel miteinander gesprochen; in der Doppelreihe, im Waggon und in der Kaserne; Rutzner kannte Trdaks Sorgen, aber er tröstete ihn nie.

»Du wirst krepieren, deine Kinder werden krepieren, auch ich werde krepieren, darüber wird sich niemand aufregen! Ich bitte dich! Glaubst du denn, daß ich den Markusplatz nicht kenne? Du glaubst, daß dort der alte kurzsichtige Schreiber sitzt und Riz-Abadie-Zigaretten stopft, was? He-he! Und du glaubst, daß er Doktor ist? Es gibt niemanden dort! Weder den alten Doktor noch den Banus noch die Regierung! Alles ist leer! Alles kommt in den schwarzen Kanal!«

Ja, er war da gewesen, noch gestern war er in der Doppelreihe marschiert, und jetzt war er nicht mehr da. Er war einfach aus der Doppelreihe ausgetreten.

Hinter dem Rücken von Veith Trdak lachten die Leute den Bataillonsmaurer Viktor aus. Dieser hatte vom Herrn Major Urlaub erhalten, aber nur unter der Bedingung, daß er nach Hause fahre, um seine Frau wie eine Hündin niederzuknallen. Sie hatte ihn auf die niederträchtigste Weise mit dem alten Müller betrogen. Während er hier an der Front blutete, hatte die Frau das Haus verlassen und war in die Mühle gezogen. Jetzt war Viktor zurückgekommen, aber ohne Ergebnis.

»Hör mich an, Viktor«, hatte ihm der Bataillonskommandant vor dem Urlaub gesagt: – »Ich lasse dich weg von der Front, aber gib mir dein Ehrenwort, daß du diese Hündin auf jeden Fall erschießen wirst!«

»Hier, Herr Major, mein Ehrenwort! Ich werde sie wie eine Hündin erschießen!«

Und der Maurer Viktor war von der Front abgegangen und hatte die Frau nicht erschossen. »Wo ist dein Ehrenwort, Viktor, Viktor!«

Die Offiziere kamen aus der Telefonhütte, alle in Kautschuk- und Gummimänteln, bestiegen die Pferde, Kommandos hallten über das Bataillon hin, alle setzten sich wieder in Bewegung, schwerfällig und müde.

Der Mann, der über das Schicksal unserer Helden in der Schlacht bei Bistritza Lesna entschied, hieß Richard Weisersheimb, Ritter von Reichlin-Meldegg und Hohenthurm. Er stand im Rang eines Oberstleutnants im Generalstab und war Operationschef jener Armee-Gruppe, in der sich unsere Zagorianer Truppe als kaum wahrnehmbarer roter Bleistiftstrich auf einer grauen, vollgezeichneten Karte im Maßstab 1:75000 verlor.

Auf der Karte des Herrn Oberstleutnants war nicht zu sehen, daß die ganze Gegend von Granaten zerwühlt war, als ob die Erde von toll gewordenen Wildschweinen massakriert worden wäre. Und die Tausende, die sich an diesem Morgen unsichtbar und leise durch Schluchten und Gebirgstäler bewegten, sahen nicht aus wie Massen von verwundetem und eitrigem Fleisch, sondern waren rote Pfeile, deren Spitzen auf die gewundenen blauen Striche der russischen Stellungen gerichtet waren. Auf der Kote 313 stand eine gemauerte Kapelle mit einem gekreuzigten Christus aus Blech, der von den Einschüssen völlig durchlöchert und zerfetzt war. Ein reichsdeutsches Kommando hatte an der Wand eine schwarze Tafel mit den Namen von neunundzwanzig Soldaten angebracht, die man vor zwei Monaten gemeinsam in einem Massengrab bestattet hatte. Es waren Grenadiere einer Sturmkolonne gewesen, die über die Kote 313 nach Osten vorgedrungen war. Später brach die Front an dieser Stelle zweimal zusammen, die Russen drangen bis über die Kapelle hinaus vor, dann verließen sie sie wieder. Der flache Hügel, mit Gesträuch bewachsen, beherrschte die ganze Umgebung. Von ihm aus öffnete sich der Blick weit über Flüsse, Felder, Furchen und Pappeln bis zu dem Dorf, wo sich nach Mitternacht »unser Rutzner« aufgehängt hatte, weiter bis zu dem Waldkomplex, vor dem man mit einem guten Fernglas deutlich die zerstörte und verbrannte Eisenbahnstation sehen konnte; dort hatten die Zagorianer ihre ersten Stellungen gegraben.

Diese Kote 313 war für die allgemeine Entwicklung der Lage von großer Wichtigkeit. Sie war ein strategischer Angelpunkt, um den sich alle Kombinationen des Herrn Richard Weisersheimb drehten, ebenso wie die des Barons von Frederiksen, seines Doppelgängers auf russischer Seite, eines Gentleman mit silbernen Sporen, einem Bojarentitel aus der Zeit Peters des Großen und mit hohen Auszeichnungen. Dieser Baron von Frederiksen war nach Weisersheimbs fachmännischer Überzeugung ein »Dummkopf«, »ein Dilettant«, »ein Ignorant« und »ein Patzer«.

»Idiot! Wenn er seine Kasan'sche Brigade, die gestern hier verblutet ist, vierundzwanzig Stunden früher in die Linien geworfen hätte, alles wäre umgekehrt gekommen, aber so! Wir werden diesem Patzer zeigen, wer und was wir sind!«

So war es, als ob Richard Weisersheimb, Ritter von Reichlin-Meldegg und Hohenthurm, mit seinem Gegner, Baron Frederiksen, auf der anderen Seite der Front Schach spielte; er zog mit einem roten Bleistift über die Kote 313 einen Strich und konzipierte dabei eine neue Kombination. Dieser taktische Einfall aber bedeutete für die Brigade unserer Märtyrer (die frisch gebügelt und noch eingestaubt mit Kampfer aus dem Magazin hinter den in Nebel gehüllten Wäldern kampierte), daß sie schon am nächsten Morgen, der gerade am Sonntag war, in Blut waten würde.

Die Niedergeschlagenheit der Leute wuchs von Schritt zu Schritt, alle hatten das Gefühl, als trügen sie Steine im Bauch. Dieses Gefühl zwingt den Menschen aus der Doppelreihe in den Graben, um tüchtig Wasser zu lassen; jeden Augenblick trat einer aus, blieb im Graben stehen, dann lief er wieder, um seinen Platz zu erreichen. Bei diesem nervösen Hin- und Herlaufen klirrte die Ausrüstung an den Leuten wie das schwere Geschirr an Lastpferden.

Sie marschierten an einem zerstörten Munitionswagen vorbei, daneben lag ein entkleideter Toter, mit einer Zeltbahn bedeckt. Seine Fußlappen waren schmutzig und durchnäßt. Eine Krähe saß ihm auf der Hüfte, sie flog jedoch nicht hoch, krächzend ließ sie sich wieder im Kot nieder.

Der Wald lichtete sich immer mehr, das Gelände zog sich breit hinunter bis zum Bach, der sich an dieser Stelle tief ins Erdreich gekerbt hatte. Es sah aus, als habe jemand seinen übernatürlich großen Daumennagel in den grauroten Lehm gedrückt und die Erde auseinandergerissen, so daß sie nun wie eine eitrige, alte Wunde klaffte. Der Wind rauschte durch das Laub, als plötzlich der erste Schuß fiel.

Vorher hatte eine gespenstische Stille geherrscht, wie sie solche Geschehnisse immer verhüllt; die Patrouille, die weit vorausgesandt worden war, kehrte mit der Nachricht zurück, die russischen Stellungen seien am Waldrand. Der Schuß hallte weit über die Äcker und Felder. Die Leute, die noch kein Schießpulver gerochen hatten, atmeten tief auf, es schien ihnen nicht so furchtbar. Es knallte nur, als ob irgendwo in der Ferne ein Brett auf das andere gefallen wäre. Das war ja gar nichts.

Dann fiel der zweite Schuß.

Noch zwei.

Dann Stille.

Die Leute stampften über abgerissene belaubte Äste, alle waren über und über schmutzig, und ihre bleiche Gesichtsfarbe wirkte unnatürlich. Sie marschierten so zaghaft, daß die Stimme des Korporals Pessek in dieser feierlichen Stille (während der jeder sein Herz in der Kehle spürte) doppelt roh und streng klang.

»Was ist los? Seid ihr denn Ballerinen? Verfluchte Maulesel, Laufschritt!«

Sie rannten alle ins Bachbett, wo ihnen das Wasser bis zu den Knöcheln reichte, und ordneten sich dort in Reih und Glied. Einige fremde Soldaten bewegten sich über die Äkker, einmal hüpfend, dann wieder kriechend. Alles schien lächerlich und unglaublich zugleich. Stefan Loboretz betrachtete die fremden Soldaten, die sich in der Ferne wie Pflüger über den Furchen ausnahmen (es waren aber keine Pflüger, sie führten keinen Pflug, sondern Gewehre). Er blickte auf die nasse und aufgewühlte Erde, er beugte sich hinunter, um zu ertasten, was für eine Erde das sei. Es schien ihm, als sei sie gut und tief gepflügt und könne guter Boden sein. In dem Augenblick aber, da sich Stefan Loboretz niederbeugte und mit der Hand die Erde berührte, zwitscherte etwas wie ein Spatz und Veith Trdak, sein Kamerad aus der siebenten Doppelreihe, lehnte sich an ihn, als sei ihm schlecht geworden.

In die heimtückische Stille, die nun einsetzte, ratterte weit weg, irgendwo am rechten Flügel, im Wald ein Maschinengewehr, das Gepolter breitete sich über die Täler und wogte immer weiter und weiter; in den weiten Wogen des Widerhalls ertönte dumpf der Abschuß eines Geschützes. Der Knall war so stark, als stünde die Kanone nur fünf Schritt entfernt, laut und tief wie ein Böllerschuß vor der Kirche zu Ostern. In diesem Augenblick ertönten Abschüsse irgendwo in der Ferne, es war wie Orgelton, und etwas flog wie ein Vogel über den Graben und den Bach und über die Leute hinweg.

»Zu hoch«, rief jemand überrascht.

»Kusch!«

Loboretz hörte die Kanonen, gespannt wartete er, ob es noch einmal donnern würde, da packte ihn Veith Trdak, krampfhaft wie ein Ertrinkender. Loboretz spürte nur, wie Trdak weich zusammensackte, und sah, wie Blut aus seinem Mund quoll und über die Hände floß.

»Veith, Veith, um der fünf Wunden Christi willen!«

Veith Trdak antwortete nicht. Seine Augäpfel glitzerten bläulich, blutiger Schaum stand auf seinen Zähnen; er schluckte und mahlte mit den Kiefern, als ob er wiederkäue. Trdak hatte noch jenes Spatzenzwitschern gehört und den Ausruf »zu hoch!«, als ihm schwarz vor den Augen wurde. Er erinnerte sich, daß er vergessen hatte, jenem Herrn Doktor auf dem Markusplatz zu sagen, daß er um rasche Erledigung bitte. Hätte er das aber auch nicht vergessen, jener Doktor hätte ohnehin keine Zeit gehabt, er mußte Riz-Abadie-Zigaretten stopfen... und Rutzner hat gesagt, es gebe nichts – gar nichts, weder eine Regierung noch einen Banus noch einen Doktor, nichts...

Stefan Loboretz bückte sich zu Veith Trdak nieder. Er wollte ihn aufheben oder irgend etwas Gescheites tun, etwas Menschliches, das hier am Platz war; er konnte sich aber nicht erinnern, wo er das Verbandszeug hatte, wo hatte sich dieses verdammte Päckchen versteckt, in der Tasche oder im Tornister? Über den Graben pfiff wieder eine Granate, auch sie war zu hoch; gleich darauf wieder drei, alle drei zu hoch. Die Menschen begannen wie die Kühe vor dem Feuer davonzulaufen, man sah nichts, hörte nur irres Schreien und Pfeifen. Loboretz war ganz verwirrt, er wußte nicht, was er tun sollte. Mit den Leuten rennen, schreien, Veith Trdak hier im Kot liegen lassen, oder was sonst?

»Verflucht sei deine verrückte Mutter! Sie werden dich wie einen Hund niederschießen! Marsch!«

Loboretz schrak wie aus einem Traum hoch. Vor ihm stand der Korporal Pessek, bedrohte ihn mit dem Revolver, schrie und fluchte aus vollem Halse, niemand war sonst zu sehen, alle waren irgendwo in der Erde verschwunden, nur er stand da und vor ihm der Korporal Pessek mit dem Revolver. Gehorsam wie ein Kalb lief Loboretz auf einen Holzklotz zu; er war noch drei Schritte von dem Klotz entfernt, als neben ihm eine Granate einschlug und ihn eine Fontäne von Erde in den Bach schleuderte. Er lag im Wasser, ein steiler schwarzer Wasserstrahl, mit Schlamm vermischt, schoß rechts in die Höhe, ein ebensolcher schwarzer Strahl links, dann begann die Erde zu hüpfen, wie wenn während eines Gewitters Tropfen in die Pfützen fallen, da einer, dort einer, immer mehr und immer schneller. Loboretz spürte, wie die nasse Uniform und die Wäsche an seiner Haut klebten, seine Augen waren bespritzt von einer grauen, fauligen, grünlich glitschigen Mischung aus Moos und Erde, und die Hände waren blutig von Trdaks Blut. Sein Ellbogen brannte heftig, er hatte sich aufgerissen, am Knie war nur ein kleiner Kratzer, fiju, fiju, fiju, pfiffen scharfe Fäden durch die Welt, es war wie auf der Schießstätte, wenn sie in der Deckung die Zielscheiben aufstellten. Ein Stück Böschung löste sich über ihm, dick und schwer fiel es in den Bach, wie ein mit dem Messer abgeschnittenes Stück Teig. Man hörte, wie Wasserbläschen im Schlamm gluckerten.

Die Pfeifen schrillten, irgendwo vorne in den Hagebutten- und Brombeersträuchern wurde geschossen. Ein Trompeter lief auf allen Vieren schnell wie ein Affe durch den Graben. Loboretz wollte ihm nachschreien, wo die zweite Kompanie sei, aber in dem Donner, der durch den Wald hallte, hörte man kein einziges Wort. Nur die Granaten brummten wie Baßgeigen. Das Getöse wurde immer stärker, und neben Loboretz' Ohren pfiff ein Geschoß, als sei es zugespitzt. Im selben Augenblick bohrte sich ein anderes vor ihm in die Erde und riß sie auf; die Erde stöhnte müde und tief, wie eine geschlagene Kreatur. Man hörte, wie sich im Wald ein Baum vom Wipfel bis zur Wurzel spaltete. Loboretz lag auf dem Rücken in einer Krümmung des Baches, gerade in einer Viehtränke. Alles war von Hufen zertreten und mit Kuhmist verpestet. Er wollte sich umdrehen, um unter den umgestürzten Balken zu kriechen; dort war es vielleicht wärmer. Aber er konnte sich nicht bewegen, er spürte eine unaussprechliche Müdigkeit, die er nie, nicht einmal in der größten Augusthitze beim Dreschen, verspürt hatte. Seine Beine waren so schwer, als wäre sein Körper ein aufgeweichter Zementsack, und die Augen fielen ihm zu; er hielt seine Lider nur so weit offen, daß in eine seiner Pupillen ein dünner waagrechter Lichtstrahl fiel. Durch einen dichten Schleier, wie durch Tränen, sah er Wassertropfen, die wie an einem Spinnennetz von Blatt zu Blatt krochen. Stefan Loboretz erinnerte sich genau, wie ihn Trdak an den Schultern festgehalten und wie er angefangen hatte, Blut zu spucken, und wie Pessek geschrien hatte, den Revolver in der Hand; all diese Vorstellungen schlichen jetzt wie etwas Weiches schneckengleich durch sein Gehirn. Alles erschien ihm schleimig, klebrig und kalt. Er wunderte sich, daß Pessek ihn so angeschrien und sogar mit dem Revolver bedroht hatte; jetzt lag er da zu seinen Füßen, grün, taub und bewegte sich nicht, während weiße Schrapnellwölkchen wie Schneebälle über seinen Kopf flogen. Die Erde flog, als werfe sie jemand mit der Schaufel hoch, und der Rauch, der Kot, alles war so still.

Stefan Loboretz war noch immer mit dem Gedanken beschäftigt, wie es gewesen wäre, wenn er sich irgendwo im Dorf in einem Düngerhaufen versteckt hätte, als das Artilleriefeuer losbrach; er blieb im Graben liegen wie ein erfahrener Veteran, der weiß, daß es das erste Prinzip einer klugen und erfolgreichen Kriegsführung ist, liegen zu bleiben, den Kopf in den Dreck zu bohren, die Augen zuzudrücken, je länger, desto besser. Er lag unbeweglich und steif, und als er einmal zusammenfuhr, wußte er nicht, ob alles nur einen Augenblick oder furchtbar lange gedauert hatte; er hatte den Zeitbegriff verloren, er hatte das Gefühl, als sei er aus einem Traum erwacht. Um ihn her waren lauter Magyaren, die magyarisch fluchten und vorwärts gingen. Ein magyarischer Riese war über ihm stehengeblieben und stieß ihn mit dem Fuß in den Hintern. Da stand er auch auf und lief den Ungarn nach.

Die Magyaren gingen vor, also ging er auch vor, einerlei! Magyar ember! Alamvasut! Da mußte er eben, sonst knallten ihn die magyarischen Schweine noch nieder wie einen Hund! Er war liegengeblieben, so lange er konnte. Jetzt war alles einerlei.

Der russische Doppelgänger des Herrn Oberstleutnant Richard Weisersheimb, Baron von Frederiksen, der »Dilettant« und »Idiot«, der gestern so leichtsinnig wie ein Hasardeur seine Kasan'sche Brigade verspielt hatte, ließ nicht zu, daß ihm die Kote 313 durch irgendwelche Gegenangriffstricks genommen wurde. Er hatte diesen Anschlag präzis vorausgesehen, darum hatte er in der vorigen

Nacht doppelte Artillerieunterstützung eingesetzt und mit Rotstift auf der Karte einige tscherkessische Transporte hinzugefügt, die schon drei Wochen durch schmutzige russische Stationen gereist waren. Er hatte den Befehl gegeben, den Frontabschnitt um jeden Preis so lange zu halten, bis diese Transporte eingetroffen waren.

Schwarze Erdfontänen von Granateinschlägen sprangen links und rechts in die Höhe. Stefan Loboretz lief wie eine verlorene Ameise durch die Kolonnade schwarzer Rauchsäulen, keuchend und atemlos warf er sich wie betäubt ins Feuer, als ihm plötzlich war, als hätte ihn jemand mit der Faust ins Gesicht geschlagen. Es war aber ein Erdklumpen.

Fette Rauchschwaden aus schwarzen Wolken, Splitter gespaltener Stämme, dorniges Gesträuch, kotige Erde wirbelten über die Köpfe der Menschen hin. Loboretz fühlte, wie etwas Warmes über sein Gesicht spritzte; als er mit dem Finger darüberfuhr, um zu sehen, was es sei, war sein Finger blutig, als hätte er eine Wanze zerdrückt. Das Blut tropfte.

Die Menschen schrien rechts und links, aber man konnte nicht ein Wort verstehen. Das Donnern hielt an, spitze Fäden von Maschinengewehrgeschossen und Feuer waren um ihn, Rauch, das Stöhnen der Verwundeten, schwerer, betäubender Geruch von Schießpulver. All das drang in Augen und Ohren, in Poren und Nerven, und Loboretz war von dem starken Bedürfnis durchdrungen, sich irgendwo zu verstecken. Er bohrte wie ein Käfer das Gesicht in die Erde und atmete schwer. Dampf stieg von ihm auf wie von einem Pferd. Rechts von ihm stöhnte jemand, dieses Stöhnen erfüllte Loboretz mit verhängnisvoller Beklommenheit. Scharlachrotes Feuer brach überall an seinem Körper aus, er begann sich wie ein Krätziger mit seinen behaarten Fingern zu kratzen, an den Lenden, den Knien; er hatte das Bedürfnis, sich nackt auszuziehen, aufzuspringen und wegzulaufen, seine Sohlen, die so teuflisch juckten, zu kratzen, zu schreien, sich in Stücke zu reißen – aber gerade vor ihm bohrte sich ein Geschoß in die Erde, und über ihm pfiff es. Loboretz hatte das Gefühl, das Geschoß sei in sein Auge gedrungen. Er betastete seinen Augapfel und wunderte sich, daß er noch auf seinem Platz und heil war. Seine Augenlider zitterten nervös von dem ununterbrochenen Prasseln der Explosionen, und in dem Regen von Geschossen, die wie Körner umherflogen, spannte sich seine Gehirnhaut. Alles dröhnte in ihm, als schlüge jemand seinen Schädel gegen die Wand.

In seinen Eingeweiden brannte starke Hitze von dem heftigen Druck der Explosionen. In einem Augenblick absoluter Dunkelheit drückte Loboretz die Hände an die Augen, er verkrampfte sich in der Absicht, sich noch tiefer in die Erde einzugraben, als alles von neuem aufflammte. Er hatte das Gefühl, als würde er von einem Feuerwerk grüner Funken emporgerissen, er drehte sich einigemal um und spürte, verklebt von dem Schmutz, der an seinem Hals herunterrann, wie schwerer, würgender Phosphordampf über ihm wogte. Das kitzelte in Nasenlöchern und Kehlkopf, und er hatte das Bedürfnis zu niesen. Er hätte gern geniest, doch traute er sich nicht einmal zu zucken; er hörte nur die Gewehre, die knatterten wie Wetterhähne im heftigen Wind: Da kommt der heilige Michael, und er wird die Weintrauben ernten.

Lange blieb er unbeweglich, dann raffte er sich auf und begann sich langsam abzutasten, ob er noch lebe. Er grub sich aus der Erde, neben ihm lag ein Kopf. Es war ein Kopf aus der Sturm-Kolonne mit dem Helm, mit einem Riemen verschnürt wie ein Postpaket. »In Doppelreihe rechts, vorwärts!« Gott mit uns! Sturmangriff! Gott sei seiner Seele gnädig! Ein zerbrochener Gewehrkolben wirbelte hoch im Rauch, über die Furchen hinweg zog weißes Gas, alles roch nach glühendem Eisen und nach Brand, es brodelte unentwegt und zischte in den Lachen wie Hufeisen in der Schmiedewerkstätte.

Loboretz kam auf den Gedanken, daß es gut wäre, die Grube, in die ihn vielleicht der heilige Rochus geworfen hatte, zu vertiefen. Mit großer Mühe begann er seinen Spaten, der ihm vom Rücken gerutscht war, zu suchen. Lange quälte er sich mit dem Riemen des Spatens ab. Als er ihn endlich herausgeholt hatte, klirrte etwas, und der Spaten flog ihm in hohem Bogen aus der Hand.

»Weg ist er!« dachte er und rollte sich wie ein Knäuel zusammen, als im nächsten Augenblick etwas vorbeisauste und ihm an den Kopf prallte. Das Fleisch brannte, die Streifwunde blutete, er betastete mit schmutzigen Fingern seinen Kopf und besah dumm seine blutigen Finger; dann streichelte er wieder seinen Kopf, und sein Herz schlug wild und laut. Vor ihm in einem Erdhaufen lag ein Mantel, ein Geschoß hatte einen Knopf dieses Mantels abgerissen, der Knopf war herumgewirbelt wie ein Schweinchen, wenn die Hirten auf der Wiese mit den Schweinen herumtoben. »Das ist ein Geller, der Teufel soll seine Mutter holen, und noch einer.«

»Da schießt jemand gerade auf mich, der Teufel soll ihn holen«, dachte Loboretz und griff nach seinem Gewehr. Sein Gewehr aber war nirgends zu finden, es war jedenfalls im Graben geblieben. Er lag hier neben einer Leiche, ohne Gewehr, noch immer mit dem Gedanken beschäftigt, daß es viel klüger gewesen wäre, wenn er in einem Misthaufen in Bistritza geblieben wäre, als sich hier in einem Ackerfeld an Gottes Sonntag abschlachten zu lassen. Bis zu diesem Augenblick war er noch immer ein Mensch, der unklar empfand, daß ihm Unrecht geschehen war, und daß es anständiger gewesen wäre, das Gewehr zu nehmen und auf all diese Gauner im Hinterland zu schießen, vom General angefangen bis zum Bataillonsschuster. Wie ein zahmes Tier hatte er sich bisher vor diesem Feuer gefürchtet; jetzt aber bohrte er seine Schnauze unter den grünen Mantel des unbekannten ungarischen Toten, blutig und wütend, weil er überzeugt war, daß jemand gerade auf ihn schoß. Dann packte er das Gewehr des Toten und schoß in den Nebel, in den Kot, in die Brombeersträucher, ins Nichts.

Wem hatte er etwas angetan? Ihm hatten sie seinen sechswöchigen Urlaub geraubt, seine eigene Frau hatten sie mit dem Gewehrkolben vom Kasernenzaun weggetrieben. Geschunden hatten sie ihn, durch die Spitäler geschleift, die Schuhe hatten sie ihm gestohlen, und jetzt schossen sie noch auf ihn? Wer war dieses Schwein, das auf ihn schoß? Wir wollen doch sehen, ob es sich Stefan Loboretz noch länger gefallen läßt, daß alle auf ihm herumtrampeln!

So wütete Stefan Loboretz, und sein Gewehr donnerte wie ein Motor, der Gewehrlauf rauchte, das Holz wurde heiß, die heißen Hülsen sprangen aus dem Magazin wie aus einer Häckselmaschine, an Stefans Fingern dampften weiße Brandblasen. Mit Volldampf fuhr er auf der Lokomotive der Schlacht.

Der Totenzähler der Division, Paltschitsch (im Zivilberuf Student und Nervenbündel, ein Mann, dessen Kehle sich bei jeder Kleinigkeit zusammenschnürte und dessen Augen von unaussprechlichem Kummer glänzten), zählte in der Volksschule von Bistritza Lesna seit dem vergangenen Tag die Toten von der Kote 313. Das erste Bataillon des Zagorianer Regiments, das auf dem linken Flügel gestanden war, hatte am meisten gelitten. Zweiundsiebzig Totenscheine lagen auf dem Tisch des Divisionstotenzählers, der diese Papiere aus dem gelben Metalldeckel schälte und das Material in die Akten und Tabellen der Division einordnete. Vom zweiten Bataillon hatte es die zweite und dritte Kompanie erwischt. Im zweiten Zug der zweiten Kompanie waren sieben liegengeblieben! Der Korporal Mathias Pessek und sechs Honveds.

Der erste in der Reihe war der Honved Mathias Kriesch. Geboren, geimpft, gefallen. Anbei seine Hinterlassenschaft: zwei Briefe, vierundzwanzig Kronen, ein Taschenmesser, ein Spiegel.

Der erste Brief aus dem Besitz von Mathias Kriesch war mit schwerer Taglöhnerhand geschrieben und stammte von Kati Roth. Er lautete so:

»Wenn ich Flügel hätte, würde ich an Deine verführerische Brust fliegen
wenn ich ein Falkenauge hätte würde ich auf Deine herrliche Brust schauen
wenn ich Perlen um den Hals hätte würde ich sie um Dein Herz winden
nur daß Du mir noch schöner noch lieber und teurer bist
siehst Du so liebe ich Dich und wenn ich müßte würde ich mein Leben um Dich hergeben
aber wie ich aus Deinem Brief entnehme tadelst Du mich und erwähnst daß ich Dir nicht treu bin
hab keine Angst um mich mein Lieber nur durch Dich kann ich selig und zufrieden werden
beschreiben kann ich das nicht ich werde mein Herz herausnehmen und vor Dich hinlegen daß Du in ihm Dein ganzes Bild siehst Dich ganz siehst wie ich Dich liebe.

Geschwätzige Zungen können nicht ruhen und so verleumden sie mich Unschuldige und Reine daran ist mein Schwiegervater schuld der möchte daß ich die Seine werde bis mein Pepo aus Italien nachhause kommt Du glaube aber nicht daran es ist traurig wenn Deine Mutter mich beschimpft daß ich beim Schwiegervater schlafe wo sollte ich aber schlafen wenn ich es bei Dir nicht kann denn was wird Pepo sagen wenn er nachhause kommt Stefan Frantz war nämlich mit Pepo in Italien und Pepo ist gesund und lebt Gelobt sei Jesus und Maria auf Wiedersehen

Kati Roth.«

Der zweite Brief des Honved Mathias Kriesch war nicht von Kati Roth, sondern von Juliane Jankitz, einem anscheinend noch unverheirateten Mädchen.

»Hier ein lieber Liebesgruß von Juliane Jankitz Gelobt sei Jesus und Maria lieber Mato mein Goldschatz ich lasse Sie wissen daß ich Ihre Karte am dritten Abend erhalten habe und mein Herz war froh wie ich Ihre Karte erhalten habe. Jetzt schreibe ich Ihnen dieses Brieflein, weil mein Herz mir keine Ruhe gibt. Lieber Mato mein Herz mein Gold meine Liebe. Ich nehme den Bleistift in die rechte Hand um einen Brief zu schreiben weil wir beide nicht zusammen sind. Leuchtender Stern meines Herzens ich liebe Dich noch mehr als Gott und jetzt läßt er mir die strahlende Sonne leuchten und sie grüßt das süße Herz.

Mein Liebster schreiben Sie mir über den Brief den Sie am Muttergottestag bekommen haben ich bitte Sie schreiben Sie mir ob Sie wirklich vergiftet und krank sind wie es mir Blasius Kovatsch gesagt hat denn ich schreibe schon das dritte Mal und ich habe Angst daß Sie in der Stadt in eine andere verliebt sind. Empfangen Sie einen guten und lieben Gruß von Juliane Jankitz.«

Der Student Paltschitsch wurde über dem Brief der Kati Roth nachdenklich. Dieser Brief war nun hierher auf den Totenevidenztisch gekommen, und das war also das Ende einer Liebesgeschichte.

Kati Roth hatte sicher in das ausgetrocknete und verstaubte Tintenfaß gespuckt, mit dem umgedrehten Federstiel umgerührt, wie sie die Einbrenn im Topf umrührte, dann hatte sie den ganzen Sonntagnachmittag aus dem Liebesbriefsteller irgendwelche banalen Ausdrücke abgeschrieben, um am Ende in diese bunte Zitatensammlung eine kleine Wahrheit einzuflechten, bitter wie ein Wermutstropfen.

Der Student Paltschitsch kannte diese Art von Korrespondenz, er hatte schon Tausende und Tausende solcher Briefe gelesen, die mit nackten rosigen Engelchen beklebt waren, und blutenden Herzen, immer mit der gleichen Hand in der Diagonale geschrieben, von oben links bis nach unten rechts; der Student Paltschitsch wußte schon im voraus, wann jener gewisse Umschwung aus dem Süßen ins Bittere kam, und all das erschien ihm langweilig und traurig.

Das war etwas, hier in dem leeren Schulzimmer die ganze Nacht zu sitzen und zu lesen, daß die Eva Katansetz dem verstorbenen Landwehrsoldaten Blaschek drei Tauben schicke. »Die erste bringt Dir die Liebe, die zweite dies Brieflein und die dritte ein Röschen! Ich wußte alles, was in den Weinbergen mit Janitza Gorizanetz gewesen ist und warum du mir nicht schreibst, Gott mit Dir!« Und wie die Jaga Petsak an den kroatischen König schrieb, daß die demütig Unterzeichnete so frei sei, zum Zweck der Zuwendung der hohen väterlichen Gnade das beiliegende untertänigste Gesuch gehorsamst zu schicken.

Das »beiliegende untertänigste Gesuch« der Jaga Petsak hatten die königlichen Behörden auf dem Dienstweg an die zuständige Militärbehörde geschickt, zur dortigen zweckdienlichen Verwendung. Die zuständige Behörde hatte das Gesuch auf kurzem Dienstweg an die Bittstellerin zurückgesandt (beziehungsweise an ihren Mann, den Landwehrsoldaten Petsak) mit der Bemerkung, daß sich Seine Majestät der König der Kroaten nicht herabgelassen und nicht erbarmt habe, er habe auch nicht geruht, seine allerhöchste väterliche Gnade zu erteilen. Demgemäß werde Honved Emmerich Petsak nicht auf seinen Grund und Boden zurückkehren können, wie Jaga es erbeten und was sie sehr erhofft und wofür sie dem Schreiber auf der Gemeinde eine fette Gans und siebenundzwanzig Eier geschenkt hatte.

Alle zugrundegegangen! Die Gans und die siebenundzwanzig Eier, Jagas Hoffnungen und Emmerich Petsak! All das liegt in der metallenen Hülse der Identitätskapsel, die der Student und Totenzähler Paltschitsch auseinanderschält, wonach er schwarz auf weiß geschrieben findet, daß Emmerich Petsak gefallen ist, nachdem er gegen Cholera und Typhus geimpft wurde, sich verheiratet hatte und im Dorf Dornenberg in der Gemeinde St. Anna geboren worden war. Auch die silberne Uhr des Korporals Mathias Pessek ist hier, unter deren Deckel ist ein Ausschnitt aus dem Schusterkalender eingeklebt, darauf steht zu lesen, daß Herr Mathias Pessek diese silberne Uhr als Belohnung vom Kalenderverlag bekommen hat, weil er das im Kalender »Der Schuster« veröffentlichte Rätsel: »Wer früh aufsteht, fällt selber in die Grube«, und: »Wer andern eine Grube gräbt, hat doppeltes Glück« gelöst hatte. Der Student Paltschitsch hat schon genügend Totenscheine gestapelt und Gesuche gelesen, er sieht deutlich die Maritza Blaschek auf dem Totenbett, und wie ihr die Verwandten das Totenlicht anzünden: die Kinder weinen, sie stirbt an der Schwindsucht, und ihr Franz liegt hier auf dem Katheder der Volksschule in Bistritza Lesna, Galizien, mit drei Liebestauben von der Eva Katansetz. »Eine bringt Dir die Liebe, die zweite dies Brieflein und die dritte ein Röschen!« Und wenn Stefan Loboretz zu seiner jungen Frau zurückgekehrt wäre, hätte er sie völlig versoffen vorgefunden. Die Kuh, die Schweine, das Geflügel, ein halbes Joch Wiesengrund, alles das hatte Loboretz' Frau vertrunken, in dem Wahn, daß Stefan tot sei und nicht mehr zurückkehren werde. Den Schrank und die Polster und die Laken, alles hatte sie vertrunken, ein Laken für vier Kronen. Alles in Stefan Loboretz' Heim war zusammengestürzt, und wenn er zurückgekehrt wäre, hätte er seine Frau betrunken und besinnungslos in einem Graben gefunden, wo die Dorfkinder sie mit Steinen bewarfen. Dann hätte er sie gewiß blutig geschlagen, und so war es besser, daß er überhaupt nicht zurückkehrte. Und der Vater des Honved Blaschek, der schon das siebzigste Jahr überschritten hatte, schwach und krank war und niemanden hatte, der ihm etwas Warmes kochen oder waschen wollte, dessen Pferde blind, dessen Schweine krepiert waren, dem der Hagel alles zerstört hatte, der schrieb seinem Sohn, seiner rechten Hand, er solle heimkommen auf den Grund, er solle ein Gesuch schreiben, er solle sich melden, daß man ihn nach Hause gehen ließe, denn so lasse sich das alles nicht mehr ertragen.

Die Totenscheine fallen wie Regen auf den Tisch des Totenzählers, mit den Totenscheinen die Briefe und die Gesuche der gefallenen Honveds. Der Student Paltschitsch liest und registriert, alles ist zu Ende, da gibt es weder Arznei noch Rechtsmittel, weder Einspruch noch Berufung.

Nicht nur Veith Trdak blieb hier mit sechs seiner Kameraden aus dem zweiten Glied der zweiten Kompanie, mit seinem Gesuch, in dem er zu schreiben vergessen hatte, daß er um rasche Erledigung bäte; Brigaden und Divisionen von Toten waren durch diese Tabellen hindurchgegangen und marschierten weiter in die Ewigkeit, stumm, gebeugt, elend, unschuldig zum Tode verurteilt.

Sie marschierten in Doppelreihen, im stummen Trab endloser nächtlicher Kolonnen, ihre Ausrüstung rasselt, die Mannlicher, die Spaten und die Bajonette, man hört, wie sie ihre Soldatenstiefel aus dem Dreck ziehen, und der Divisionstotenzähler hält einen Augenblick im Zählen inne und spitzt wie ein Hund die Ohren. Er hält den Atem an vor der panischen Gewißheit:

Draußen marschieren jetzt die Zagorianer Grubenarbeiter vorbei. Ihr ganzes Leben lang haben sie Ruß, Gestank und giftige Gase eingeatmet, nun sind sie aus dem Grab auferstanden, haben ihre Öllampen angezündet und marschieren stumm in Doppelreihe in eine andere Grube, aus der man nicht mehr wiederkehrt. Auch die Weinbauern von der unteren Drau, die Stubitzer Taglöhner, die Urenkel des Bauernkönigs Mathias Gubetz marschieren draußen im Dunkel, alle werden hier auf diesem Katheder landen, und er wird ihre Liebesbriefe lesen, ihre Gesuche, wird die barbarisch einfältigen Photographien betrachten, in Dokumenten blättern, und es wird niemals ein Ende haben.

Drei Honveds

An jenem Tag, als verlautbart wurde, das Marschbataillon werde morgen um elf mit Musikbegleitung zum Bahnhof marschieren, von den Schülern der Unteroffiziersschule flankiert – angeblich ein Ehrengeleit, in Wirklichkeit aber ein Spalier von Bajonetten und scharfgeladenen Gewehren, bereit, die Kompanie in die Waggons zu treiben –, spielten sich die Ereignisse folgendermaßen ab:

Hauptmann Ratkovitsch-Jablanski wurde zum Bataillonsrapport beordert und ritt deshalb eine geschlagene Stunde früher vom Übungsplatz fort, daher führte die Kompanie Leutnant Mayer, in Zivil Bankbeamter.

Leutnant Mayer, ein kurzsichtiger Kontorist, hatte Lampenfieber. Es ist schließlich keine Kleinigkeit, die Kompanie die Hauptstraße entlangzuführen! Da geht man ganz allein, mitten auf der Straße, und nach sechs Schritten Distanz kommt die Kompanie, die Trommeln, die lauten Trompeten, und man muß alle Kräfte anspannen, um einen Skandal zu vermeiden. Denn ist es etwa kein Skandal, wenn irgendein bärbeißiger Artilleriemajor die ganze Kompanie anhält und sie mitten auf der Straße anschnauzt, weil sie ihm keine Ehrenbezeigung erwiesen hat? Oder anderseits, wenn die ganze Kompanie irrtümlich irgendeinem Wachmann oder einem Finanzer salutiert? Und dabei ist es schon schwer für den Kontoristen Mayer, einen Major von einem Unterwachmann zu unterscheiden, wenn die Straße schnell wie in einem Film vorüberrollt, und rechts und links lauter Masken vorüberziehen.

So marschiert der Kontorist Mayer, von Lampenfieber

geschüttelt, an der Spitze der Kompanie, schreit die Befehle mit der heiseren Stimme eines Hermaphroditen, fuchtelt wie ein Dilettant mit dem Säbel herum und hat scheußliche Angst, ihn in den Dreck fallen zu lassen.

Die Kompanie watet durch den Nebel, die Köpfe zukken wie besessen einmal nach rechts, einmal nach links, die Soldaten stapfen im Defilee durch den Straßenkot, die morschen Zäune und Wirtshäuser entlang, eher eine Feuerwehreinheit als eine Honvedkompanie. In der Ferne zeichnen sich schon die mariatheresiengelben Umrisse des Bataillonskommandogebäudes ab, und vor dem Tor hat sich eine große Gruppe von Offizieren angesammelt. An der Spitze dieser Offizierssuite steht der Kommandant, Oberstleutnant Aloisius Slavko Wallenstein.

Mayers Unteroffiziere in der ersten Zweierreihe können wie Hunde wittern – und nun riechen sie Slavko Wallenstein, der vor dem Bataillonskommandogebäude steht.

»Jawohl, ja! Das ist er! Der Regimentskommandant persönlich, Oberstleutnant Wallenstein! Das ist ER!« wiederholt Mayer, vor Erregung zitternd, und er hat Angst, daß jetzt etwas passieren könnte. Daß er den Säbel nicht vorschriftsmäßig zum linken Fuß senken würde, oder das Gestampfe nicht stark genug wäre. Da! Kein Schritthalten nach der Trommel! Oh! Was für ein Skandal! Was für eine Schande!

»Um Himmels willen, gebt acht! Ich flehe euch an! Sagt den Leuten, sie sollen sich zusammenreißen! Wallenstein schaut uns zu!«

So jammert Mayer die Unteroffiziere an, seine Stimme flutet über die ganze Kompanie, als stünde Wallenstein persönlich vor ihr.

»Paßt auf, Kinder, vor dem Bataillon steht Wallenstein persönlich, pssst! Kinder, haltet das Maul!«

Alle Honveds zittern vor Wallenstein wie vor dem Teufel selbst. Die Nägel ihrer Stiefelabsätze klappern schon, sobald sein Name genannt wird. Dieser Wallenstein ist weder ein Lump noch ein Gigerl, er ist kein Kartenspieler und kein Schürzenjäger – er ist aktiver Oberstleutnant und kennt nur einen Gott, ein Heiligtum: die Kaserne. Er lebt für Fahnen und Portepee wie ein Condottiere, er trägt hohe Auszeichnungen und ist der Henker des Bataillons. Er schweigt in seinem bis zum Hals zugeknöpften Waffenrock. Wenn ihm der Adjutant den Telephonhörer ans Ohr hält – der Herr Oberstleutnant greift den Hörer nie selbst an, wozu hat man schließlich einen Adjutanten! –, dann bebt und zittert die Hand des Adjutanten vor Respekt. Wallenstein hat das düstere Ansehen, das er genießt, methodisch aufgebaut. Schon in Friedenszeiten knallte er ein paar Leute, die Wache hielten, nieder und etwas später erlangte er Berühmtheit durch einen Marsch, bei dem sieben Leute an Sonnenstich krepierten. Er pflegt die Leute mit den Sporen und dem Säbel zu bearbeiten, er bindet sie an Kastanienbäume und läßt sie in Ketten legen. Er reißt den Unteroffizieren die Kautschuksterne herunter und kürzt ihnen unbarmherzig die Löhnung. Er brüllt, daß die Fenster klirren, die Ratten in den Magazinen und die Köche in den Küchen vor Angst erstarren, und wenn er durch den Kasernenhof geht, ist alles leer. Die Leute retten sich in die Klosetts, als ginge ein Tiger um.

»Wallenstein! Pssst!«

Die Kompanie wird von Angst gepackt. Sie erstarrt in dem Bewußtsein, vor Wallenstein defilieren zu müssen. Als Mayer den Säbel zückt und mit ängstlicher Stimme das Defilee kommandiert, wächst die Kompanie drei Finger höher, wirft sich heldisch in die Brust, so daß die rostbraunen Pfützen neben den Straßenbahnschienen samt Schneematsch und Kot und Pferdeurin wie Fontänen hochspritzen.

»Habt acht! Marsch. Tschuritsch! Kvakar! Verdammter Esel! Marsch! Eins – zwei!...«

Platsch, platsch, platsch, platsch! – die Kompanie defiliert vor dem Oberstleutnant im Dreck: Schlop – schlop – schlop – schlop...

An der Spitze des Offiziersstabs steht vor dem Bataillonskommandogebäude Oberstleutnant Wallenstein in Erwartung Seiner Exzellenz des Barons Ilyeshazy de Also Rekettye, Adlatus des Honvedministers, der sich für heute unerwartet zur Inspektion der königlich-ungarischen Garnison angesagt hat.

Auf dieses Aviso hin ist das Bataillon von Panik ergriffen worden, einem aufgescheuchten Ameisenhaufen gleich, in den eine Kuh getreten ist. Die Magazineure sortieren Stiefel und Riemen in den Stellagen, die Köche polieren die Kessel, die Schuster scheuern ihre Werkstätten, die Krankenzimmer und Schreibstuben werden sechs Geschlechtskranke zurückbehalten, alle anhöchst eigenhändig die aufgeschlitzten Schweine symmetrisch in die Kühlschränke, auf daß Ordnung herrsche, wenn Seine Exzellenz der Feldmarschalleutnant und Adlatus Baron Ilyeshazy de Also Rekettye vorüberschreitet. Die Kellner in der Messe spülen die Gläser, Wallenstein selbst, an der Spitze seines Stabes, wird um eine Nuance unruhiger.

»Was hat das zu bedeuten, daß mir der Minister seinen Adlatus auf den Hals hetzt, ohne mich vorher zu benachrichtigen? Dabei ist der Adlatus bereits hier, hat schon die ganze Nacht im Palace-Hotel geschlafen – und mich hat man von der Division erst heute morgen verständigt! Was soll das heißen? Vielleicht hat wieder dieser ekelhafte Streber, dieser Büdöskuty, seine Hand im Spiel?«

Büdöskuty ist Generalstabsmajor, Operationschef der kroatisch-slawonischen Honveddivision, und seine Beziehungen zu Oberstleutnant Wallenstein sind gespannt.

Und da steht nun Wallenstein, sehr stolz auf seinen fürstlichen Namen, und denkt über die Intrigen Büdöskutys nach – über diesen blöden und frechen Büdöskuty, dessen Name schon allein den tieferen Sinn seiner Persönlichkeit deutet – wie kann man nur »Stinkender Brunnen« heißen? – und beobachtet die an ihm vorbeidefilierende Kompanie.

»Wie verdreckt diese Leute sind! Es wäre nicht nötig gewesen, sie heute bei diesem Sauwetter hinauszulassen. Unterwegs werden sie dem Adlatus begegnen. Was sich der nur denken wird, wenn er diese Schweine sieht!«

Er dreht sich um und hält nervös nach dem Hauptmann Ratkovitsch-Jablanski Ausschau.

»Völlig überflüssig, heute auszurücken! Verrückt, Herr Hauptmann, durch diesen Dreck zu marschieren. Sie hätten ruhig zu Hause bleiben können.«

Hauptmann Ratkovitsch-Jablanski wird steif wie ein Stock. In Habachtstellung blickt er dem Oberstleutnant in die grauen Augen, ein Hund, der sonst gut apportiert hat, jetzt aber eins über die Schnauze bekommt.

Das hat man davon. Er ist als einziger heute mit seiner Kompanie ausgerückt! Er selbst ist ganz mit Kot bespritzt. Und jetzt erhält er statt einer Belohnung einen Rüffel.

Dann wendet sich der Herr Oberstleutnant wieder der Kompanie zu und wird grün vor Ärger. Der Kompaniekern befindet sich soeben in gleicher Höhe mit ihm. Und dort, am Ende des zweiten Zugs, schleicht ein Honved geduckt vorüber, sein Kopf ist gesenkt und baumelt hin und her wie der eines Schlafenden. Dieser Honved schert sich nicht darum, daß defiliert wird, daß der Befehl zur Kopfwendung vor dem Herrn Oberstleutnant gegeben wird, er hat weder die Hand vorschriftsmäßig gesenkt noch den Kolbenhals gepackt, er hat nicht einmal das »Habt acht!« vernommen, sondern rollt einfach dahin wie ein Kartoffelsack. Er schläft! Dieses Schwein schläft!

»Haben Sie das gesehen, Herr Hauptmann? Das sind

Ihre Leute! So sieht Ihre Kompanie aus! Wer ist dieses Vieh? Bitte halten Sie diese Bagage sofort an! Eine unglaubliche Impertinenz!«

Der Oberstleutnant hat sich zu den Herren seiner Suite umgedreht, die schweigend wie begossene Pudel hinter ihm stehen.

Ratkovitsch-Jablanski erstarrt vor Schrecken und läuft kopflos zur Straßenmitte.

»Halt! Halt!« schreit er aufgeregt und bedeutet seiner Kompanie mit der Reitgerte, anzuhalten. Die Chargen geben den Befehl nach vorn weiter, die Stimmen schwirren durch die Kompanie, und es vergehen noch einige Augenblicke, bis sie zur Spitze, zum Kontoristen Mayer, dringen, der innerlich strahlt, weil man keinen Schiffbruch erlitten hat.

»Halt! Halt!«

Diese Schande! Also doch! Du lieber Gott! »Kompanie halt!«

Die Kompanie bleibt stehen, hält aber noch immer die Kolbenhälse umklammert, die Köpfe steif nach rechts, denn sie hat den Befehl, den Kopf wieder geradeaus drehen zu dürfen, noch nicht erhalten.

»Wer ist der Kerl, der beim Defilee nicht gegrüßt hat?«

Die Kompanie starrt nach rechts, die Kolben fest gepackt, und schweigt.

»Nun? Wer war es?« schreit der Hauptmann.

Am Ende des zweiten Zugs schiebt sich ein Mensch aus der Doppelreihe, müde und gebückt.

»Ich war es.«

Ratkovitsch erkennt Ratschisch und erschrickt.

Natürlich wieder Ratschisch! Wer sonst hätte es auch sein können, wenn nicht Ratschisch. Böser Unhold! Dieser Teufel! Der Kerl wird noch mein Schicksal! Er wird mich noch zugrunde richten.

Der Hauptmann steigert sich noch mehr in seine Wut

hinein: »Natürlich Sie! Gerade Sie mußten einen Skandal provozieren! Niemand anderer als Sie!«

»Her mit dem Typ, damit ich ihn sehe!« brüllt der Herr Oberstleutnant Wallenstein. Ratschisch und Ratkovitsch nähern sich also der Bataillonspforte, dem Oberstleutnant und der Gruppe von Offizieren, die ihn umgibt.

Mit Regenschirmen bewaffnete Weiber und Kinder mit Eimerchen – sie alle haben einen weiten Kreis gebildet und harren scheu der Dinge, die da kommen werden. Eine gelbe Straßenbahn hat angehalten, und wie Masken starren die Gesichter aus den dunstbeschlagenen Scheiben.

»Wer ist dieses Schwein?« fragt der Oberstleutnant den Hauptmann Ratkovitsch, und es klingt, als hätte ihm dieser persönlich etwas angetan.

»Melde gehorsamst, Herr Oberstleutnant, Honved Ratschisch!«

»Ist dieses Schwein denn taub? Hat es den Befehl nicht gehört? He! Was ist los?! Warum bellt dieser Hund nicht? Was ist dieser Trottel in Zivil?«

»Der? Eigentlich nichts. Er schmiert so in Zeitungen herum, melde gehorsamst, Herr Oberstleutnant«, antwortet Ratkovitsch seinem obersten Chef für seinen Klienten, für seinen Honved, für seine Schande.

»Lassen Sie das Schwein selber reden! – Warum hast du nicht gegrüßt?« fragt der Herr Oberstleutnant Ratschisch direkt und tritt ihm einen Schritt näher.

Der Honved Ratschisch blickt Wallenstein an und betrachtet hinter ihm die Suite seiner Offiziere. Niedere Stirnen runzeln sich, englisch gestutzte Schnurrbärte werden vom Nebel feucht – dort drüben Wappen und Säbel, die schwarzlackierte Wappenzier der Bataillonspforte, und hier Bereitschaft unter Gewehr im Regen. Wie dekorativ das alles arrangiert ist, wie auf einer Bühne... Da! Ein Schreiber der Kanzlei links hat sich zum Fenster geschlichen und beobachtet das Geschehen. Der Straßenbahnmotor donnert wieder los, und die Oberleitung sprüht Funken... Was soll das alles?

Ratschisch ist müde! Die ganze Nacht war er bei einer Frau, hat dort Streit gehabt und geweint, ist dann den ganzen Morgen wie ein Mondsüchtiger durchs Wasser gewatet, seine Nerven versagen: welke Blumenkelche. Er spürt, wie schwer die Erde unter seinen Sohlen ist – die ganze Zeit spürt er nichts anderes. Die Erde zieht ihn an sich, und die Gräber öffnen sich. Während er auf der Straße marschiert ist, hat er dauernd nur das Gefühl gehabt, daß ihn die Erde hinabziehe und daß er in den Dreck fallen würde, wenn er nicht alle Kraft zusammennähme. So hat er nichts vom Defilee vernommen, auch Oberstleutnant Wallenstein nicht bemerkt – warum hätte er denn dem Befehl nicht Folge leisten sollen, wenn er ihn gehört hätte? Und so steht er nun da und schaut den Oberstleutnant an, während ihm der Kopf schmerzt. Die Straßenbahn kreischt und bimmelt bereits in weiter Ferne. Was soll er sagen? Was soll er sagen?

»Will denn dieses renitente Ekel nicht reden?« brüllt der Herr Oberstleutnant die Kreatur an, irritiert durch das Stillschweigen dieser Niete.

»Ich habe nichts zu sagen«, erwiderte Ratschisch ganz natürlich und ruhig. Er will eigentlich noch etwas hinzufügen, aber in diesem Augenblick hätte das herausfordernd und demonstrativ gewirkt.

»Wa-a-a-s – du, du Schuft, elender, du hast nichts zu sagen – rede schon, du verdammter Frechling!« so bricht es wie aus einem Tiger aus Wallenstein hervor, er stürzt sich auf Ratschisch und schüttelt ihn wie einen Kadaver, »rede, rede, der Teufel soll deine Hurenmutter holen!«, und er beutelt den anämischen Ratschisch wie ein Bündel Fetzen, »rede doch, sonst zertrete ich dich!«

»Was soll ich Ihnen sagen?«

Ratschisch will sich losmachen, er erhebt seine schwache Stimme, aber Wallenstein verpaßt ihm blindwütig mit der Rechten eine Ohrfeige, daß er taumelt. Im selben Augenblick erhält er von Wallenstein, der Routine hat, mit der Linken einen noch stärkeren Hieb und fällt in den Straßenkot.

Der Oberstleutnant tritt noch zwei-, dreimal mit dem Fuß nach ihm.

»Marsch, zum Teufel, du schmutziges Vieh! Herr Hauptmann, ich überlasse Ihnen diese Drecksau. Unerhört! Wirklich unerhört! Ja, also wirklich...«

Taumelnd und kotig hat sich Ratschisch erhoben und wankt der Kompanie mühselig nach, die sich unter Trommelwirbel in Bewegung setzt, immer noch den Kopf nach rechts gewendet im Defilee, und alles wirkt viel dümmer, als man sich denken kann.

Da ertönen die Bataillonstrompeten, weil drüben beim Neubau in der Wegbiegung die von Schimmeln gezogene Karosse Seiner Exzellenz des Feldmarschalleutnants Baron Ilyeshazy de Also Rekettye, Adlatus Seiner Exzellenz des Honvedministers, auftaucht. Der Vertreter des Honvedministers ist eingetroffen.

Bei der siebenten Marschkompanie, der ersten des dritten Bataillons, die in der Volksschule Rosengasse einquartiert worden war, war alles nervös. Eine Ordonnanz kam mit der Straßenbahn vom Bataillon und erzählte vom Zusammenbruch des Parademarsches vor dem Bataillonsportal und der Ohrfeige Oberstleutnant Wallensteins. Der Herr Hauptmann wütete wie eine Furie, und das versetzte die Schreiber noch mehr in Erregung.

An Tagen, wo Transporte an die Front bereitgemacht wurden, gab es ohnehin so viel zu tun, daß man verrückt werden konnte, und heute gerät noch darüber hinaus eine Lawine von Ereignissen ins Rollen. Ja, heute würde allerhand los sein – nicht auszudenken, was geschah, wenn der Herr Hauptmann aufkreuzte!

Da waren vor allem die Maroden.

Von 35 Maroden waren nur drei »gewöhnliche« und sechs Geschlechtskranke zurückbehalten worden, alle anderen wurden zum Teufel geschickt. Diese sechsundzwanzig Schwindler wären an und für sich kein großes Unglück gewesen, wäre da nicht eine kleine Komplikation entstanden.

Als nämlich diese sechsundzwanzig Desperados vom Bataillon in die Rosengasse zurückkehrten, verschwanden zwei von ihnen spurlos, und zwar der Honved Fink Georg und der Honved Skomrak Franz. Anfangs hatte man in der Kompanie angenommen, sie wären nur in einem Wirtshaus auf einen »Spritzer« eingekehrt, aber bald zeigte sich, daß diese Vermutung reine Illusion war. Ein kleines Mädchen brachte nämlich ein Stückchen Papier, für den Herrn Hauptmann bestimmt, und dieses Papierchen öffnete der Kompanie gründlich die Augen. Weder Skomrak noch Fink würden wiederkehren.

(Dieses Stückchen Papier wird noch eine wichtige Rolle in der Geschichte des heutigen Tages spielen und ein ungemein bedeutungsvolles Element in diesem Bericht über unsere Honveds darstellen. Im ganzen also sechsundzwanzig Schwindler und zwei neugebackene Deserteure!)

Außerdem folgte ein Skandal besonders delikater Natur in der Kompanie. Die Frauen mit den roten Bauernregenschirmen, die sich in den traurigen Zeiten eines Truppentransportes zumeist um die Kasernenzäune scharen, umdrängten auch heute den Zaun, und da kam es aus einem unbekannten Grund zu einem Streit zwischen diesen Weibern und der Wache. Während dieses Tumultes packte ein Honved in seiner Wut das Gewehr und schlug einer Frau mit dem Kolben auf den Kopf, daß sie hinfiel. Der Zufall wollte es, daß ein berittener Wachmann vorbeikam und die Sache aufschrieb. Der Soldat behauptete zu seiner Verteidigung, er könne nichts dafür und habe lediglich auf Befehl des Wachkommandanten, Zugsführer Kos, »amtsgehandelt«. Im Gedränge tauchte der Herr Landsturmleutnant Rainer auf, in Zivil Stadtrat und Lebzelter, und nahm Partei für den Wachmann gegen Zugsführer Kos, in Zivil Lebzelter und Honiglebküchler aus der Lateinergasse. (Landsturmzugsführer Kos und Landsturmleutnant Rainer hassen einander noch aus ihrem Zivildasein und übertragen nun ihre Zunftstreitigkeiten aus dem Magistrat hierher, in die Honvedkaserne in der Rosengasse.)

»Sie haben diese Frauen da abgetastet und gekniffen, mein Lieber!« brüllt der Leutnant und Senator Rainer (zweistöckiges Haus in der Unterstadt, Dampfbäckerei Vezera usw.) diesen Zugsführer Kos an (Zelt mit Lebkuchenherzen und Met an den Kirchtagen von St. Rochus und St. Peter).

»Küssen Sie mich, wo Sie wollen, haben Sie gehört, was denken Sie eigentlich, daß mir Ihr Landsturmleutnant-Zahnstocherchen da imponiert? Sie bilden sich anscheinend ein, ein richtiger Offizier zu sein!«

Rainer begann daraufhin Feuer zu speien wie ein richtiger Offizier und rief die Bereitschaft herbei, den Wachkommandanten Kos verhaften zu lassen und ihm zu zeigen, wer Herr Leutnant Rainer sei, und wie man mit ihm zu sprechen habe. Außerdem hatten noch die Patrouillen der Militärpolizei einen Kompaniedeserteur, den Zigeuner Georg Makek, erwischt, der an dem Tag desertierte, an dem die Kompanie eingekleidet wurde. Er hatte die Kriegsausrüstung in der Stadt verkauft und war dabei erwischt worden. Daß die Köche einen Topf Schmalz vergossen hatten, die große Petroleumlampe auf dem Abort zerbrochen war und der Honved Trtek die telegraphische Verständigung vom Tod seiner Mutter erhalten hatte – das waren nur Kleinigkeiten.

Als größeres Ereignis konnte jedenfalls bezeichnet werden, daß irgendwer vier nagelneue Karabiner aus dem Korridor gestohlen hatte. Immer wenn eine Kompanie marschbereit ist, werden auffallend viele Gewehre gestohlen. Die Zagorianer bevorzugen Karabiner.

Das wäre im großen und ganzen der Tatbestand der Meldungen an das Oberhaupt der Kompanie, das nun jeden Augenblick sprühend und fauchend in Erscheinung treten kann. Wehe den armen Schreibern, wenn dieser Herrgott in Rage gerät! Und er wird in Rage geraten, daran ist kein Zweifel. Er wird Funken sprühen. Schon der unglückselige Brief Skomraks wird genügen.

»Was soll ich mit dem Brief von diesem verdammten unverschämten Kerl, soll ich ihn abgeben oder nicht?« Der Zugsführer Kohn, der Chef der Schreibstube, zerknüllt den fatalen Brief des Honveds Skomrak. In Zivil ist Kohn Vertreter für Luxuswaren en gros, einen Meter fünfundvierzig groß, neunundzwanzig Jahre alt, hat O-Beine, trägt einen Kneifer – also ein ganz kleiner Stöpsel mit Tachykardie und Herzneurose.

Jeder aktive Offizier hat irgendeine Passion. Der eine sammelt Briefmarken, der andere reitet, besucht irgendeinen Kurs oder liest das »Taktische Handbuch« – ja, es findet sich immer irgendein brauchbares Steckenpferd. So zum Beispiel sind in Kriegszeiten die Parks die Leidenschaft des Generals. Die Generäle haben deshalb das ganze arme Galizien mit Parks gespickt, Rondeaus gepflanzt, Alleen errichtet und sie dann getauft. »Allee Sr. Majestät« oder »Allee Feldmarschall Hindenburg«, »Kaiser-Wilhelm-Allee« und so weiter. Die Subalternoffiziere fahren mit dem Gig oder dressieren Hunde, und wenn sie schon keine Parks pflanzen können, pflanzen sie für alle Fälle in den Deckungen, wo immer es möglich ist, Lauben und Birkenhaine. Sie geben ihnen romantische Namen: »Minka-Pavillon« oder »Villa Marianne«, und verwandeln so die Front in ein »Glück im Winkel«. Man sagt von den vorderen Stellungen im Schützengraben nicht, daß dort soundsoviele gefallen seien, man sagt einfach: »dort war es prima, dort hatten wir eine schöne kleine Gartenlaube, hier wurden wir mit erstklassigen Palatschinken bewirtet, und dort tranken wir russischen Wodka«.

Ist es da ein Wunder, daß in einer Zeit, in der Millionen Soldaten Krieg spielen müssen, auch Hauptmann Ratkovitsch ein Steckenpferd hat?

Das Steckenpferd des Herrn Hauptmanns war sein Barbierladen, den er »aus dem Nichts« geschaffen hatte. Dieses Nichts waren noch mit Kreide bekritzelte Schultafeln, die aufgetürmt in einem Kellerraum lagen. Aus diesen Schultafeln hatten nun die Kompanietischler einen schwarzen Paravent gezimmert und außerdem noch etwas Mobiliar; Ratkovitsch schleppte aus dem Konferenzzimmer der Professoren einen großen Spiegel herbei, und so wurde in der III. B-Klasse der alten Schule »aus dem Nichts« ein Friseurladen für die Kompanie geschaffen. Man nagelte Bilder vom Kaiser und von Generälen an die Wände, daneben eine Wandkarte des mesopotamischen Kriegsschauplatzes mit der russisch-türkischen Front bei Erzerum. Und dort ließen sich die Honveds für zehn Heller pro Kopf zugunsten des Witwenfonds rasieren.

»Bist du schon rasiert, Unglückswurm? Wie? Nimm die Mütze ab, damit ich es sehe! Marsch, du lausiges Ekel, laß dich scheren!«

»Warum rasierst du dich nicht, du Vieh, du schmutziges? Wozu habt ihr so eine herrliche Rasierstube, wenn du dich nicht rasieren läßt?!«

»Du Schwein! Paß auf, daß ich dir deine Borsten nicht mit dem Schuhlöffel abkratze! Morgen zum Rapport – geschoren!«

So fängt Ratkovitsch in den Korridoren seine Honvedleute zusammen, jagt sie in seinen eigenen Frisiersalon und wirkt auf diese Weise caritativ für den Witwenfonds. Er selbst läßt sich natürlich gratis rasieren.

Das ist wirklich eine komfortable Sache, so eine hübsche, aus dem Nichts geschaffene Rasierstube, in der man nicht eine einzige Minute warten muß. Und sitzt auch gerade irgendein Honvedhund unter dem Messer – sobald die Sporen klirren, springt der eingeseifte, gemeine Zagorianer Fronbauer auf, zieht sich andächtig in die Ecke zurück und läßt den Herrn Hauptmann vor, der sich als erster unter das Messer des Honvedsoldaten Tepesch, des Kompaniefriseurs, begibt, und alles geht weiter wie geölt.

Hauptmann Ratkovitsch eilte ungewöhnlich mißgestimmt zu seiner Kompanie; als einzigen Trost empfand er, daß er jetzt keine Sekunde hatte warten müssen, sondern sofort bei seinem Eintritt von Tepesch eingeseift wurde, und daß alles in ein, zwei Minuten vorüber war. Er hatte dann noch Zeit, ins Café zu gehen, da konnte er vor dem Mittagessen noch einen starken Kognak zu sich nehmen und alles vergessen. Ein schlechter Tag. Der erste »Gikser« des Tages – der Hauptmann gebrauchte für Pech immer den Ausdruck, den die Billardspieler für den Fehllauf der Kugel verwenden – hatte sich bei dieser verdammten Übung ereignet. Er hatte sich und seine Leute mit Kot bespritzt, und der Oberstleutnant rieb ihm das vor allen Anwesenden auch noch unter die Nase. Dann die fünfunddreißig Maroden. Bei der ersten Kompanie null, bei der zweiten, zwei, bei ihm – fünfunddreißig...? »Zu dieser Schlamperei ist jeder Kommentar überflüssig!« bemerkte der »Alte« (so wird Wallenstein im Bataillon tituliert.)

Es ist nicht zu leugnen, der Alte hat recht, fünfunddreißig Marode sind eine Sauerei! Aber was kann ich dafür! Ich kann den Leuten keine Moral eintrichtern, wenn es keine Moral gibt. Gemeinen Schwindlern Moral zu predigen, ist Aufgabe der Presse.

Dazu dieser Skandal mit dem Ratschisch! Der Teufel persönlich hat mir diesen Kerl in den Weg geführt. Ein anarchistisches Ekel. Außerdem: die halbe Kompanie ist nicht geimpft. Und dieser alte Esel muß das riechen! Anstatt das Bataillon nachmittags mit Militärmusik zur Kirche führen zu dürfen, muß ich die Bagage impfen lassen. Wie der Alte geschrien hat, ich müsse zum Impfen kommen! Diese alte Jungfer! – Er bedauert, daß er nicht das Bataillon führen kann. Und an allem ist dieser Kohn schuld! Dieser verdammte Kohn!

Besonders bei dem Gedanken, daß er von Rechts wegen heute nachmittag das Bataillon mit Pauken und Trompeten durch die Stadt hätte führen können, wurde Hauptmann Ratkovitsch auf Kohn wütend. Nun würde er draußen beim Bataillon im Krankenzimmer die ungewaschenen, nackten Zagorianer beschnuppern müssen. Natürlich war Kohn an allem schuld!

»Dieses Schwein! Dieser faule Schwindler!« schreit der Hauptmann jedesmal, wenn Kohn wieder etwas angestellt hat. Und wenn Kohn ihm eine Schachtel Herzegowina-Prima-Pursitschaner Tabak zum Vorkriegspreis verschafft und dabei aus eigener Tasche draufzahlt, lächelt er wohlwollend: »Kohn, Sie sind mein Flügeladjutant!« Und wenn er einen Blödsinn anstellt, dann sagt er ihm: »Kohn, Sie sind ein Kurz- und Schnittwarenhändler!«

Unter allerlei trüben Gedanken betrat der Hauptmann den Barbierladen und ließ Kohn rufen.

»Melde gehorsamst, Herr Zugsführer«, rief in der Schreibstube die Ordonnanz aufgeregt Kohn zu, »Herr Zugsführer werden im Barbierladen vom Herrn Hauptmann verlangt!«

Kohn begab sich (genau genommen: er schlich) in den Barbierladen der Kompanie mit eingezogenem Schwanz und verzogener Oberlippe wie ein Kaufmann zu seiner Kundschaft.

»Na also? Was ist los, Kohn?« fragte der Hauptmann und wandte sein von Seifenschaum umrahmtes Gesicht nervös Kohn zu, der schon seit fast einer Minute stumm in der Ecke stand. »Was ist los? Schauen Sie mich nicht an wie ein abgestochenes Kalb! Wissen Sie, daß die halbe Kompanie noch nicht geimpft ist?«

»Wie? Ich verstehe Sie nicht, Herr Hauptmann«, rief Kohn aufgeregt, »die Kompanie ist geimpft – gegen Cholera und Typhus. Ich habe die Bestätigung...«

»Sie ist nicht geimpft! Wenn ich Ihnen sage, daß sie nicht geimpft ist, dann ist sie nicht geimpft! Die Kompanie ist nicht geimpft, der Oberst selbst hat es mir gesagt! Die halbe Kompanie! Und die wird heute nachmittag geimpft!«

»Welche Hälfte, melde gehorsamst, Herr Hauptmann?«

»Was soll diese dumme Frage? Egal, welche! Befehl ist Befehl! Zwei Züge, um halb drei. Hören Sie, Kohn? Ich werde dabei sein! Der erste und der vierte Zug. Haben Sie verstanden?«

»Jawohl, Herr Hauptmann.«

»Na also. Was ist sonst noch, Kohn? Was hocken Sie da herum – wollen Sie vielleicht ein Ei legen? Sie sind doch keine Henne! Was gibt es heute mittag? ›Gulasch, melde gehorsamst‹?«

»Jawohl, Herr Hauptmann, Gulasch!«

Jetzt, glaubte Kohn, sei die beste Gelegenheit, in medias res seines Referates zu gehen. Wenn einem der Zahn gezogen wird, ist es ja egal, ob das Schlimme früher oder später kommt, es ist ja immer gleich schlimm! Und Kohn warf wie beim Zahnarzt energisch den Kopf hoch und begann zu berichten, daß die Köche einen Topf Schmalz verschüttet hatten – daran sei aber die Tramway schuld, denn die habe den Karren umgeworfen, das sei aber glücklicherweise nicht so wichtig...

»Aber natürlich! Die Tramway! Einen Schmalztopf! Und das hat nichts zu bedeuten! Wie könnte es auch anders sein – Sie sind ja ein Betrüger en gros, Sie betrügen in Tausenden, ein Großbetrüger, aber das Ärar läßt sich nicht betrügen! Da ist jeder Schmalztopf ein Vermögen. Was! Der liebe Herrgott soll diese verdammten Köche... her mit ihnen, zum Rapport! Zum Rapport, sie müssen mir diesen Topf bezahlen, jawohl, bezahlen...«

Der Hauptmann brüllte Kohn an, als hätte der den Schmalztopf verschüttet, und geiferte weiter, als ihm schien, das sei noch nicht alles, und Kohn habe noch etwas zu melden...

»Weiter! Was sonst noch, Kohn? Was starren Sie mich so an? Ist sonst noch was los?«

Kohn wollte – kam, was kommen mochte – noch über den Fall Fink und Skromak berichten, aber er erschrak und änderte im letzten Augenblick seinen Plan; so begann er, etwas vom Tod der Mutter des Honveds Trtek zu murmeln, einem Tod, der telegraphisch und mit Amtsstempel bestätigt worden war.

»Was sind das für Dummheiten, Kohn? Was? Aber natürlich, die Mutter, warum ist sie nicht drei Tage früher gestorben? Lächerlich! Kommt nicht in Frage, natürlich Urlaub, immer nur Urlaub... der soll mir nur wieder in die Quere kommen, ich werde ihn ohrfeigen, dieses Schwein! Aber natürlich, jetzt soll vielleicht auch noch der Krieg aufhören wegen dieses faulen Trtek! Aber was geht mich das an, Kohn? Weiter!«

Kohn berichtete des weiteren, er habe vom Bataillon siebentausenddreiundfünfzig Kronen und sieben Heller Sold für die Soldaten erhalten. Dann kam die Rede auf die Maroden, jene sechsundzwanzig Schwindler, dieses stinkende Bauernpack, derentwegen der Hauptmann heute von Wallenstein einen Rüffel erhalten hatte. Ratkovitsch drohte, er werde ihnen die Augen ausstechen lassen, noch heute, dann könnten sie wenigstens mit gutem Gewissen marodieren, diese ekelhaften Widerlinge! Daß die Patrouille den Zigeuner Makek erwischt hatte, erfreute den Hauptmann sichtlich.

»Haha, dieser Fuchs ist uns aufgesessen! Wo ist er?«

»Im Keller, gefesselt!«

»Her zum Rapport mit ihm, ich werde es diesem Heiligenschänder schon zeigen...«

»Ich habe diesbezüglich schon alles angeordnet, melde gehorsamst, Herr Hauptmann. Sie haben vom Bataillon schon dreimal nach dem Zigeuner gefragt, ich gebe ihn aber nicht heraus, ehe ihn der Herr Hauptmann nicht persönlich zu sehen geruhen...«

»In Ordnung, Kohn. Sehr gut! Ich werde ihm beibringen, was das heißt, von mir wegzulaufen, so ein Zigeunerfuchs!«

Der Hauptmann kicherte zufrieden, und Kohn glaubte, daß nun die beste Gelegenheit sei, seine schwächste Karte auszuspielen. Der Hauptmann hatte noch den Zigeuner auf der Zunge, der ihm geschickt in den Rachen geworfen worden war – da würde er den Brocken wie einen Löffel Rizinus schlucken und nicht explodieren. Es gab keine Wahl, nur die zwischen Rizinus und Tod, und so setzte Kohn gleichsam vom Trampolin aus zu einem Salto mortale an.

»Melde gehorsamst, Herr Hauptmann« – Kohn gab sich einen energischen Ruck, während seine Stimme um drei Skalen abglitt –, »Herr Hauptmann... als der Zugsführer vom Dienst, Jurkovisch, die Maroden zur Kompanie zurückgebracht hat, waren es nur vierundzwanzig. Es fehlten zwei, als er sie zählte...«

»Wa-a-as?!«

»Es fehlten zwei. Der Honved Franz Skromak und der Honved Georg Fink.«

»Diese Verbrecher! Wie können sie es wagen, der Einheit fernzubleiben? Und sie sind noch nicht wieder zurück?«

»Nein. Noch nicht. Das sind zwei Agramer Falotten.«

»So, schön! Agramer Falotten. Und das sagen Sie so ruhig, als würden Sie es in der Zeitung lesen. Das ist keine Zeitung, Kohn, das ist eine Marschkompanie, Kohn! Tausend Teufel! Da desertieren die Leute, mir nichts, dir nichts, gleich en masse! ... Vielleicht kommen sie doch noch zurück?« fragte Ratkovitsch, als könne er nicht fassen, daß ausgerechnet heute jemand desertieren mußte. Kohn hatte, von Neurasthenie gepeinigt, in diesen letzten Augenblicken vielleicht eine Million mal hin und her geschwankt. Sollte er das bewußte Papierchen dem Hauptmann zeigen oder nicht? Gerade hatte er beschlossen, es nicht zu tun, als ihm durch einen geradezu teuflischen Einfall die schicksalsschwere Antwort entschlüpfte, diese Gauner würden seiner Meinung nach nicht zurückkehren. Jetzt erst wurde ihm klar, was er da gesagt hatte.

Was geht das schließlich mich an? dachte er. Es ist ja nicht meine Sache! Und er schlug das Kompaniebuch auf, zog ein zerknittertes Stück Papier zwischen den Seiten hervor und überreichte es dem Hauptmann.

»Da, bitte gehorsamst, Herr Hauptmann.

Das hat ein Mädchen vor einer Stunde gebracht und gesagt, ein Soldat habe es ihr an einer Straßenecke übergeben.«

Der Hauptmann war schon halb rasiert, eine Backe seines Gesichts strahlte noch vom Seifenschaum über der Serviette, die der Honved Tepesch kunstvoll zu zwei großen weißen Ohrflügeln geknüpft hatte. Nun winkte er Tepesch, aufzuhören, während sein Gesicht zu geronnenem Eiweiß erblaßte.

Sofort wurde ihm klar, worum es sich handelte: Wieder ein »patriotischer« Honvedbrief!

Es ist ein grundfalscher Aberglaube, daß sich die Zagorianer nicht mit allem, was ihnen in den Kompanien widerfährt, philosophisch auseinandersetzen. Sie sehen, daß auf der Einbrennsuppe nicht ein einziges Fettauge schwimmt, und auf einen Schwarm von zehn Köpfen ungefähr ein Würfel Kaffee kommt. Die Fische stinken, und Fleisch gibt es nicht. Und warum gibt es kein Fleisch, obwohl jeden Tag geschlachtet wird, und die Kühlräume zum Bersten voll sind? Die Zagorianer arbeiten im Kompaniegarten – die Paradeiser und der Karfiol sind für die Offiziersmesse bestimmt. Die Brotregale stehen in den Zimmern, aber Brot gibt es nicht. Und der Barbierladen? Was ist das für eine Sauerei mit diesem Barbierladen? Sie besteuern den Honved mit einem Groschen und ohrfeigen ihn, wenn er nicht rasiert ist. Und so wird der ganze Sold wegrasiert und darüber hinaus noch eine Krone aus der eigenen Tasche.

Lauter Gauner und Verbrecher! Wenn es dann an die Front hinausgeht, reagiert man das alles auf Honved-Art und -Weise ab: wie du mir, so ich dir. Du hast mich angespuckt und durch den Dreck gejagt, mich zum Rasiernapf geschleift und dir für meine Verpflegung ein Haus gebaut. Jetzt werde ich dir auf den Kopf scheißen! Bisher hat keine Formation die Mutterkompanie ohne beredte Spuren verlassen. Die Kompanie versaut die Schulzimmer geradezu hündisch. Die Leute lassen die Strohsäcke dreckig und stinkend zurück oder zerschneiden sie im letzten Moment und streuen das Stroh in die Zimmer. Sie zeichnen den Hauptmann mit seiner Zigarren an die Wand – der Bauch eine Null, die Hände und Finger fünf Borsten – aber es ist der Hauptmann, und damit kein Zweifel darüber bleiben kann, schreiben sie darunter: Das ist der Esel Ratkovitsch. Oder die Kompanie zeichnet eine Bluse mit drei Sternen und spuckt sie an, das Bild Seiner Majestät des Kaisers und Königs ist völlig entstellt, neulich hat sogar jemand vor der Kompaniekanzlei Wasser gelassen – es rieselt noch die Treppe hinunter...

Aber das ist noch lange nicht alles.

Später kommen von der Front Briefe mit fingierten Absendern und folgendem Text: Du hast uns geschunden, aber es wird Dir nichts nützen. Wir danken Gott, daß wir Dich los sind. Du bist ein Trottel und kein Hauptmann. Bleib bei Deiner Alten liegen, Du Saukerl! Du hast uns unser Geld gestohlen, Du Dieb, Du verfluchter, Du verdammter, diebischer Barbier!

Solche Sachen haben auf Herrn Hauptmann Ratkovitsch eine seltsame Wirkung. Wenn er so eine Feldpostkarte erhält, kriecht er kleinlaut in sich zusammen und beginnt – vor den Schreibern – tiefsinnig zu monologisieren: Schaut euch das an, das ist unser Volk, da bringt man ihm sein Herz, seine Seele und seine Gesundheit zum Opfer, redet Tag und Nacht mit ihm – und das ist der Dank! Die Küche habe ich für sie blau-weiß-rot streichen lassen, Vater und Mutter war ich ihnen, den Garten und die Rasierstube habe ich ihnen geschenkt – und was tun sie? Diese Kanaillen! Wie Hunde sollte man sie auf die Schnauze dreschen, zuschlagen, das wäre das einzig richtige!

Und so nahm Hauptmann Ratkovitsch das Papier Skomraks mit gewissem Lampenfieber aus den Händen Kohns und erlebte ein neues Attentat auf seine Ehre. Auf dem Papier stand folgendes:

»du bist ein schwein und kein Hauptmann deine Mutter war ein schwein und ein schwein hat dich gebohren, glaubst du vileicht ich weis nicht, das du dein Pferd für erarisches Geld gekauft hast? du bist ein Dib und gehörst ins gefängnis. wenn ich dich auf der Strase erwische, spucke ich dir ins Gesicht, dir und deiner gnädigen Frau hure von Magaritzki, die ihren Man mit so einem Schuft wie du es bist betrügt, du Aas du faules schwein, ich werde dich wie einen hund abschießen, du esel was glaubst du denn das ich blöd bin und mich von dir erschlagen lasse? Liber krepiere ich an ort und Stelle. Franz Skomrak.«

Der letzte Satz war an den Rand des Papiers geschrieben, rundherum in dicker, schwerfälliger Schrift.

Die Augen des Hauptmanns waren plötzlich blutunterlaufen, er begann zu zittern und sprang so unerwartet zum Fenster, daß es schien, als wolle er sich durch die geschlossenen Läden stürzen.

Dann drehte er sich um und blieb mitten im Zimmer stehen. Er seufzte tief auf: »Wie einen Hund würde ich ihn niederknallen. Wie einen Hund...«

Schweigen. Kohn war erschrocken und stand stocksteif da, der Friseur hatte sich in die Ecke zum Spiegel verkrochen und stand mit dem Rasiermesser in der linken Hand abwartend da.

»Das sind keine Menschen, das sind Sozialisten!!«

Und wie jemand, dem auf der Straße ein Ziegelstein auf den Kopf gefallen ist, erst nach geraumer Zeit zu sich kommt, erwachte auch Ratkovitsch aus seiner Ohnmacht.

»Kohn, Kohn! Haben Sie schon telegraphiert?! Man muß überallhin telegraphieren, telegraphieren! Sofort!«

Schon hörte Ratkovitsch im Geist alle Telephone und Telegraphen des ganzen Königreiches surren, ein gewaltiges Netz, und in diesem Netz würde dieser verdammte Skomrak schließlich gefangen werden.

»Bitte gehorsamst, Herr Hauptmann, wohin soll ich telegraphieren?«

»Wohin? Wohin?! Ach, Sie sind ein Esel, Kohn! Telegraphieren Sie an alle Gendarmerieposten des Landes. Daß dieses Schwein nicht entkommt! Wenn ich den Kerl in die Hand kriege! Ich muß ihn kriegen, diesen Gauner, ich muß ihn kriegen, tot oder lebendig! ... Haben Sie die Polizei angerufen?«

»Noch nicht, Herr Hauptmann. Ich wollte es tun – aber...«

»Schon wieder *wollten* Sie etwas tun! Immer *wollen* Sie etwas tun, Sie stehen auf einem so wichtigen Posten und haben keinen Funken Initiative! Überhaupt – kein Mensch kümmert sich um irgendwas. Alles muß ich selbst machen... haben Sie ihn wenigstens steckbrieflich verfolgen lassen?«

»Noch nicht, Herr Hauptmann. Alles hat sich erst vor einer halben Stunde ereignet...«

»So? Erst vor einer halben Stunde?! Deshalb braucht man keinen Steckbrief? Dieses lächerliche Formular haben Sie nicht einmal ausgefüllt, scheren Sie sich zum Teufel, Kohn, ich will Sie nicht sehen!«

Ratkovitsch begann, mit beiden Händen zu gestikulieren, stapfte mit Riesenschritten im Barbierladen auf und ab. Dann fuchtelte er mit Skomraks Brief und fluchte. Immer, wenn er wütend war, fluchte er ungarisch:

»Az atya úr istennét, budös disznó! A szentséges atya ur istennét! – No? Was glotzen Sie, Kohn! Worauf warten Sie noch? Scheren Sie sich zum Teufel, damit ich Sie nicht sehe, marsch, hinaus!!«

Kohn wäre gern verschwunden, aber – wenn er jetzt nicht alles zu Ende meldete, würde unten beim Rapport, vor zweihundert Leuten, alles wieder von vorn anfangen. Über alles mußte berichtet werden, so wollte es der Herr Hauptmann, und es war besser unter vier Augen.

»Melde gehorsamst, Herr Hauptmann, ich hätte Herrn Hauptmann noch einige Sachen zu melden. Vier Karabiner wurden gestohlen. Die Polizei hat die Wache verhaftet. Die Lampe im Abort ist zerbrochen...«

Das meldete Kohn, als er sich schon Schritt für Schritt rücklings der Tür zuschob. Und hätte er nicht schon die

Klinke in der Hand gehabt, hätte ihn der Hauptmann bestimmt mit seiner Stiefelspitze beehrt.

»Marsch hinaus, marsch hinaus!«

Ratkovitsch stürzte sich auf Kohn, er wollte ihn ohrfeigen, prügeln, zerhacken, ihm etwas tun, aber Kohn war im Augenblick verschwunden.

»Das ist ja Revolution! Sie stehlen die Gewehre, demolieren das Haus, schreiben Drohbriefe! Das ist ja Revolution! Mit Kanonen – az atya úr istennét – müßte man diese Rebellenbande erschießen! Aufhängen! Vernichten!«

Die Kompaniekanzlei befand sich im ersten Stock, im Konferenzzimmer der Schule. Wie sie aussah – vollgestopft mit Geographie- und Physikschränken, Globen, Landkarten, ausgestopften Eulen, Adlern, Halbkugeln, Rissen von Asien und Amerika und diesem großen Skelett in der Ecke –, hätte, wenn hinter den Tischen nicht Kompanieschreiber gesessen wären, jeder Mensch denken müssen, er sei in der Klause eines Gelehrten.

Als Hauptmann Ratkovitsch die Kanzlei betrat, sprangen die Schreiber kerzengerade und stramm auf, und einer warf den Stuhl um.

»Welches Schwein hat wieder den Stuhl umgeworfen? Was? Ihr gehört ja in einen Stall und nicht in ein Zimmer. Nur in so einer Kompanie mit solchen Leuten kann so etwas vorkommen!«

Und der Hauptmann fuchtelte wütend mit dem Skomrak-Brief wie mit einer weißen Fahne. Er ließ diesen Brief nicht einen Augenblick aus der Hand. Dann setzte er sich und lehnte das Papier an das Tintenfaß vor seinem Platz. Das Tintenfaß stellte einen bronzenen Honved auf grünem Marmorsockel dar und war ein Geschenk seiner Geliebten, der Frau Magaritzki, jener »gnädigen Frau Hure«, mit welchem Ausdruck Skomrak die Dame in seinem liebenswürdigen Brief pathetisch beehrt hatte. Diesen bronzenen Honved hatte Ratkovitsch in weißes Seidenpapier verpackt, mit einem grünen Tannenzweig geschmückt und mit einem roten Band zugebunden von Frau Magaritzki bekommen – wohin ist diese stille Heilige Nacht, in der champagnisiert wurde, geraten? Damals zeichnete sich am Horizont noch nicht die gespenstische Gestalt des Korvettenkapitäns von Kertschmarek ab, damals war alles noch ein Idyll. Und dieses verfluchte Vieh, dieser Skomrak, war damals noch Ordonnanz des Herrn Hauptmanns und brachte jeden Tag einen Brief und ein Sträußchen Parmaveilchen zur allergnädigsten Frau »Hure«, die ihm jetzt mit dem Korvettenkapitän von Kertschmarek Hörner aufsetzte, was diesem Schwein von Skomrak natürlich bekannt war.

»Wie man sich in den Leuten täuschen kann! Du bist gut zu einem, und er stößt dir ein Messer in den Rücken!«

Als Ratkovitsch an Skomrak dachte, wollte er am liebsten ausspucken.

Vier Jahre lang war er mit diesem Menschen in die Volksschule gegangen, in dieselbe Rosengasse, in der die Kompanie jetzt einquartiert war. Und als er dann diesen Gauner traf, nahm er ihn als Burschen zu sich, um ihn vor dem Kader zu bewahren. Und der, statt ihm dankbar zu sein, meldete ohne sein Wissen beim Bataillonsrapport, er wolle keine Ordonnanz sein, weil er kein Lakai sei. Und so erhielt Ratkovitsch beim Bataillon wieder eins unter die Nase gerieben.

»Na gut, wenn du kein Lakai sein willst, dann werde von mir aus ein Honved.«

Ratkovitsch hatte dieses undankbare Rebellenschwein ein wenig in die Zange genommen. Fürs erste Spangen, dann Einzelhaft im Keller, dann Wache, dann wieder Einzelhaft mit Fasten, einmal Kastanienbaum... und so entstand zwischen Schulkameraden, die einst hier im Hof der

Schule in der Rosengasse mit Murmeln gespielt hatten, der Konflikt, der den nun schon bekannten Brief zur Folge hatte.

Ratkovitsch hatte kein Glück mit seinen Kameraden. Zum Beispiel dieser Ratschisch! Auch ihn wollte er im Rechnungsunteroffizierskurs unterbringen, ihn retten, der aber wurde so hochnäsig, als wäre er mindestens Minister. Und was war er wirklich? Nichts und niemand! Ein herumlungernder Hungerleider! Und was der ihm für Schande machte!

Während dieser Meditationen über die menschliche Undankbarkeit wischte der Hauptmann plötzlich wie ein Irrer mit dem Finger über die Tischplatte und neigte sich dann zur Politur, um die Spur zu betrachten, die sein Finger im Staub hinterlassen hatte.

»Wer hat heute Staub gewischt?!«

Schweigen.

»Also! Wer hat Staub gewischt? Ordonnanz! Ordonnanz!«

Kohn, Korporal Jagaischek und der Kompaniefeldwebel Videk sprangen auf und schrien einstimmig:

»Ordo-nn-aa-nz!!!«

Es erschien ein Skelett, zweimal durchschossen, im letzten Stadium der Tuberkulose, Landwehrmann, Invalide, Kadaver im königlich-ungarisch-kroatischen Honveddienst – »Hör-zu«, »Schwein« oder »Affe«.

»Ah! Du bist dieses Schwein? Komm näher, na, komm, komm!« Der Hauptmann winkte mit dem Zeigefinger. »Da schau her, schau her, was das ist!«

Und der Hauptmann packt die Ordonnanz am Ohr, dreht es zwischen seinen Fingern und zieht seinen Kopf an den Tisch, bis die Schnauze des Skeletts über die Politur und das grüne Tuch wischt.

»Nicht wahr, nicht wahr?« zischt Ratkovitsch, und sein Gesicht ist eine gespenstisch leere Grimasse. »Nicht wahr, nicht wahr?« und er stößt den Schädel des Skeletts hin und her – »schau her, da her! Ist das sauber, wie? Ist das sauber?«

Die Tbc-kranke Ordonnanz beginnt zu husten, und der Hauptmann stößt sie angeekelt von sich, daß sie bis zur Tür stolpert und dort hart gegen das Holz stößt.

»Ekelhafter Kerl du, marsch, damit ich dir nicht einen Tritt versetze! Marsch! – Also vorwärts, Kohn, wir wollen sehen, was es gibt.«

Kohn tritt mit einem Aktenbündel vor – er fühlt sich so wichtig wie ein richtiger Referent, über dem der ewige Geist der Bürokratie schwebt – und legt das erste Aktenstück vor den Hauptmann, damit er es erledige oder nicht erledige.

»Was ist das, Kohn?«

»Ein Gesuch der Maria Petak aus Nieder-Kljutschetz, daß sie ihren Mann, den Honved Franz, aus der Marschkompanie...«

Der Hauptmann schnippt das Gesuch mit den Fingern von sich.

»Weiter.«

»Neun Kinder auf zwei Joch, Herr Hauptmann, bitte gehorsamst«, wagt Kohn.

»Dummheiten, was gehen mich diese Kinder an? Das sind ja nur Lügen! Alles nicht wahr, lauter Lügen! Was bellen Sie für dummes Zeug, Kohn... weiter!«

Herr Hauptmann Ratkovitsch packt den Akt des Honvedsoldaten Frank Petak und zerreißt ihn in zwei, dann in vier Teile und wirft die Schnitzel auf die Erde.

»Sie bringen mich zur Raserei, Kohn. Weiter.«

»Das Gesuch des Bergarbeiters Pitschek aus der Oberen Rijeka Zagorska, daß ihm beim Bataillon ein Reklamationsformular ausgehändigt werde...«

»Weiter!«

»Herr Hauptmann, das Gesuch von Pitschek wird von

der Knappenschaft der Bergarbeiter unterstützt. Er ist Bergarbeiter, melde gehorsamst.«

»Und was geht mich diese lächerliche Genossenschaft der Bergarbeiter an? Ist dieses Schwein in der Marschkompanie?«

»Melde gehorsamst, nein, Herr Hauptmann.«

»Egal, weiter! Wenn er's nicht ist, wird er's bald sein. Bei Gott! Ich soll morgen an die Front, während der Herr Bergarbeiter Pitschek auf Urlaub geht, weil das den Herren von der Knappenschaft so gefällt! Keine Rede davon. Weiter!«

»Das Gesuch der Franzekovitsch Katarina...«

»Kohn, Sie werden eine Ohrfeige bekommen! Treiben Sie dumme Witze? Welcher Teufel ist heute in Sie gefahren? Sie sind dümmer als meine Stute. Die hätte längst kapiert, daß ich nichts von Gesuchen hören will. Wozu legen Sie mir diese Dummheiten auf den Tisch? Sollen sie an den Heiligen Vater in Rom schreiben... Welcher Teufel stinkt da? Da stinkt irgendein Schwein?« und der Hauptmann schnupperte.

In der Tat hatte das Kanzleipersonal schon vorher einen fauligen Gestank gerochen. Aber da das Personal erkältet, unintelligent und sich selbst gegenüber mißtrauisch war, und die Kanzlei nur selten gelüftet wurde, hatte dieser Gestank für die Leute nichts Auffälliges.

»Es stinkt! Es stinkt! Es stinkt ja immer – mein Gott...«, und so zuckten die Leute die Achseln, während es weiter stank. Aber jetzt, da ihnen der Chef diese Vermutung bestätigt hatte, begannen alle wie Hunde zu schnuppern, hinter den Kasten, in den Ecken, in den Spucknäpfen – aber es fand sich nichts Besonderes.

»Macht die Fenster auf!« befahl der Hauptmann und versuchte, seinen Schreibtisch aufzusperren, denn vielleicht ließ sich der Gestank durch eine Zigarre verscheuchen.

»Oho! Was ist denn das?«

Der Hauptmann neigte sich zum Schlüsselloch und drehte den Schlüssel um, aber der paßte nicht ins Schlüsselloch.

»Der Schlüssel ist in Ordnung. Da ist etwas im Schloß! Um das Schlüsselloch herum sind ja lauter Schrammen!«

Alle hatten sich um den Tisch versammelt: das Schloß war locker, und links und rechts auf der Politur sah man Kratzer von einem harten Gegenstand.

»Da hat jemand eingebrochen!« sagte Feldwebel Videk und sah nach, was da los sein mochte. In Zivil war er königlicher Gefängniswärter im königlichen Landesgericht – also wußte er, was es heißt, wenn jemand eine Lade aufgebrochen hat. Videk schlug von unten her zwei-, dreimal mit der Faust auf die Lade, dann zog er sie energisch heraus. Nun, da gab es etwas zu sehen!

Eine Wolke fauligen Gestanks schlug dem Schreibpersonal entgegen, und alle zuckten bei diesem unerhörten Skandal zusammen. Die Zigarrenschachteln, Bleistifte, Federn und Papiere waren bespuckt und stanken. Die Holzkassette, in der Ratkovitsch den Reingewinn des Barbierladens aufbewahrte, war aufgebrochen und leer. Alles Geld war weg, alles besudelt. Der Dieb hatte mitten in die Lade gepißt, das Wasser stand noch darin und stank wie die Pest.

»Pfui!« Nun spuckte auch der Hauptmann in die Lade. »Pfui! Tragt das hinaus!« sagte er nun leise, so leise wie ein Kind. Es fehlte nicht viel, und er hätte geweint. So aber stand er da und starrte wortlos vor sich hin. Er spürte den Schlag, der gegen ihn geführt worden war.

»Kohn! Haben Sie heute nacht nicht hier geschlafen?«

Kohn schläft angeblich in der Kanzlei, in Wahrheit aber bei seinem Mädchen. Jetzt kann er aber unmöglich lügen...

»Nein, Herr Hauptmann, melde gehorsamst.«

»Und haben Sie Erlaubnis gehabt, draußen zu schlafen?!«

Die letzten Worte brüllt Ratkovitsch so, daß sie die Köche in der Küche, die Weiber am Zaun und der Rapport im Hof hören, und die Leute spitzen die Ohren wie Rinder, wenn es in der Ferne donnert.

»Hast du gehört, wie dieser Narr brüllte? He?«

»Hast du ihn brüllen gehört?« flüstern sie zitternd in den Kompaniezimmern, den Gängen, vom Abort bis zur Wache.

»Nein, Herr Hauptmann, ich hatte keine!« erwidert Kohn erschrocken.

»Sie hatten keine? Natürlich hatten Sie keine!! Sie haben sich über das Verbot hinweggesetzt! Sie sind genau so schuldig wie dieser Verbrecher hier! Alle seid ihr Diebe und Schurken! Ich werde die ganze Kompanie anbinden lassen, und Sie als ersten, Kohn, haben Sie verstanden, Kohn, Sie Hurensohn, Sie unverschämter! Wartet, ich werde euch zeigen! – Videk, Videk! Alarm! Alarm! Sofort Alarm! Die ganze Kompanie sofort unter Waffen, Alarm, Halbbataillon Alarm! Ich werd's euch geben, verfluchte Gauner, wo ist mein Revolver, Kohn? Videk, mein Revolver, ich werde euch alle wie die Hunde abknallen. Alarm, Alarm!«

Das Alarmsignal schrillte durch die Mannschaftsräume.

Das Alarmsignal Haydns hat etwas von jener Panik, die im Menschen entsteht, wenn die Glocken Sturm läuten, wenn es irgendwo brennt und das seltsame Wort »Feuer« von Mund zu Mund geht. Rote Funken sprühen, und die Angst frißt sich in die Seelen der Zagorianer, Angst vor dem Feuer, vor dem Element, vor den Rätseln des Universums.

Die Zagorianer haben in den Schulklassen ihre Zigarren, Pfeifen und Zigaretten angesteckt, Schuhe und Kleider gebürstet, dichte Schwaden von Rauch steigen auf, während schwere Niedergeschlagenheit auf den Strohsäcken, den schmutzigen Parkettbrettern und den armen Leibeigenen, die sich auf den Tod vorbereiten, lastet.

Die Leute reden schnell und viel, sie lachen gezwungen, während sie den groben Militärstoff mit der Bürste säubern, Knöpfe annähen oder an ihrem Käse wie hungrige Mäuse knabbern, und man spürt, daß den Leuten weder an der Bürste noch am Tabak noch am Käse etwas liegt: es fehlt an Stimmung.

Die Leute müssen etwas unternehmen, nach ihren Feldflaschen greifen und mit der gesegneten Gottesgabe gurgeln, um zu vergessen, daß diese ganze blöde Geschichte mit der Marschkompanie keinen Sinn hat, weil es doch wirklich so aussieht, als wäre es ein allgemeines Begräbnis.

Man singt noch nicht in den Schulklassen, aber die Stimmen heben sich, und die Gesichter röten sich, als der Alarm erklingt. Im Korridor spuckt einer den Tabak aus, den er gerade noch gekaut hat, dort bindet sich einer die Hosen enger – die Leute sind völlig verwirrt, die Volksschule ist vom Dach bis zum Keller von dem ungewohnten Lärm erschüttert. Die Leute laden die Tornister auf, schnallen die Riemen enger und werfen sich die Gewehre wie ein Joch um den Hals. Das Volk steht unter dem Gewehr – Alarm, Alarm...

Oben in der Kompaniekanzlei sind alle verrückt, als hätte eine Granate direkt in das Konferenzzimmer eingeschlagen.

»Kohn! Die Polizei! Rufen Sie die Polizei, wozu hat man Polizeihunde? Der Verbrecher muß gefunden werden. Jagaischek, telephonieren Sie an das Bataillon, Telegramm! Videk, die Wache, die ganze Wache will ich auf der Stelle hier sehen! Kohn, verdammter Betrüger, den Revolver! Ist dieses Honvedvieh noch nicht angetreten, wie lange werden wir noch auf die Bereitschaft warten müssen? Mistviecher, Schreiber, Videk, Kohn!«

So schreit Ratkovitsch, als die Wache dasteht und meldet, daß es eigentlich gar keine Wache gäbe, weil die Wache auf Befehl des Herrn Leutnant Rainer verhaftet worden sei.

»Wie! Dieser idiotische Bäcker hat die Wache verhaften lassen? Wer ist denn dieser Affe? Gebt mir diesen Bäcker in die Hand, daß ich ihn in Stücke haue!«

Die Aktiven verachten die Reservisten aus Prinzip. Wenn ein Reserveoffizier auch hundertmal die Uniform anzieht, er bleibt stets das, was er in Zivil ist: ein Advokat, ein Schreiber, ein Beamter. Pah! Und ganz besonders diese Landsturmleute, die sich damals freiwillig gemeldet haben, als in den Kasernen »marschiert, marschiert, das Trenck-Panduren-Regiment« als politische Reveille zum letzten Heiligen Krieg rief, diese Landsturmoffiziere, die kann man ja eigentlich nur anspucken, was zum Teufel sind diese Trottel schon in Zivil? Nicht einmal Professoren sind sie, Anstreicher, Lebzelter, der Teufel soll sie holen!

»Zum Teufel, Rainer, wer hat Ihnen gesagt, daß Sie die Wache verhaften sollen?«

»Melde gehorsamst, Herr Hauptmann, ich ließ den Zugsführer Kos verhaften, weil er die Frauen gezwickt hat und dann, als sie zu weinen anfingen, schlagen ließ.«

»Ich frage Sie, wer Ihnen befohlen hat, die Wache verhaften zu lassen! Wissen Sie, was Sie da für einen Blödsinn gemacht haben?«

»Herr Hauptmann, ich habe den Zugsführer Kos verhaften lassen, weil er mit dem Kolben...«

»Was mit dem Kolben? Hätte er nur mit dem Kolben Ihren Bäckerschädel eingeschlagen...!«

»Herr Hauptmann...«

»Ruhe! Kein Wort...«

»Aber die Zivilpolizei hat sich eingemischt...«

»Und was zum Teufel ist diese eure Zivilpolizei? Ihnen imponiert sie, mir nicht. Sie sind eben noch ein Zivilist.

Wie Sie nur vor Ihrem Hauptmann dastehen, wissen Sie, was bonton ist? Stehen Sie stramm, Sie sind kein Veteran bei einem Volksfest!«

»Herr Hauptmann, ich bin Veteran«, sagt Rainer gekränkt, »ich habe mich freiwillig gemeldet und bin ausgezeichnet worden, außerdem bin ich Hausbesitzer und Stadtrat.«

»Ein Nichts und Niemand sind Sie, verstanden, Sie waren eine Niete und werden eine bleiben, kapiert?«

Der Bäckermeister und Hausbesitzer Rainer beginnt zu zittern, weil sich diese Szene auf dem Gang vor versammelter Mannschaft abspielt, und unwillkürlich greift er nach dem Säbelknauf. Und es sieht so aus, als ob Hauptmann Ratkovitsch wie ein wütender Stier den armen Kerl zu Boden werfen und zerstampfen würde.

»Was denn? Sie wollen sich mit mir duellieren, hahaha! Lächerlich, das ist wirklich geistreich, mein Herr, so ein Bäckergehilfe wird mich noch herausfordern, was bilden Sie sich ein, Sie Trottel! Marsch, scheren Sie sich zum Teufel, daß ich Sie nicht gleich auf der Stelle frikassiere!«

»Herr Hauptmann, melde gehorsamst, die Wache ist aufgestellt. Fünf Honveds und ein Unteroffizier«, meldet Kohn ziemlich frech hinter dem Rücken des Hauptmanns, wo auch die Überreste der verhafteten Wache Aufstellung genommen haben.

»Ach, die Wache, wo ist diese verdammte Wache?« Ratkovitsch dreht sich um und läßt Rainer wie einen begossenen Pudel im Korridor stehen. »Ach, da ist ja die Bande. Habt ihr *so* die Kompanie bewacht, was? Schaut her, verdammte Schlafhauben!«, und er stößt mit dem Fuß nach der famosen Schreibtischlade, die man an die Wand gelehnt hat. »Da, steckt eure Nasen hinein, da brechen Gauner in der Kompaniekanzlei ein, während ihr triefäugigen Schweine unten Wache haltet! Die ganze Nacht habt ihr geschnarcht! Na wartet, ich werde euch geben! Kohn, haben Sie mich verstanden! Diese Schweine bleiben noch achtundvierzig Stunden auf dem Posten, verstanden, schläfrige Mistviecher, Gauner, achtundvierzig Stunden, bis sie krepieren!«

»Melde gehorsamst, Herr Hauptmann, die Marschkompanie ist im Hof aufgestellt«, meldet der energische Feldwebel Videk. Ratkovitsch reißt sich zusammen, läßt die müde Wache stehen und rennt im Laufschritt die Treppe zum Hof hinunter. Die Kompanie steht starr im Nebel, während der Schnee in immer dichteren Flocken herniederflattert. Die Kinder der Schulwartsfrau sind aus dem Keller gekrochen. In phantastisch bunte Fetzen vermummt starren sie auf die Soldaten.

»Los, jagt diese Fratzen fort, was treibt ihr euch da herum«, schreit Ratkovitsch die Kinder an, und schon springen einige Unteroffiziere herbei und dreschen auf die Kinder los, die sich schreiend zur Mutter in den Keller retten.

»Habt acht! Kompanie, rechts schaut!« hallt das Kommando, und man hört die schweren Bauernhandflächen an die beschlagenen Kolben fallen.

»Melde gehorsamst, Herr Hauptmann, zweihundertdrei Mann«, fistelt Leutnant Mayer, während sein kleiner Kopf im zerzausten Fuchsfell des Kragens verschwindet.

Hauptmann Ratkovitsch ist so erregt, daß ihm die Knie zittern, aber er beherrscht sich und nimmt eine unnatürliche starre Haltung an. Diese tödliche Kälte ist Teil der spanischen Hofetikette gewesen, die vom kaiserlichen Hofzeremoniell auf das königlich-ungarisch-kroatische Dienstreglement übergegangen ist, und so nimmt Hauptmann Ratkovitsch die Meldung der Zagorianer Leibeigenen nach dem spanischen Zeremoniell in der Variante des königlich-ungarisch-kroatischen Dienstreglements von anno 1868 entgegen. Da gibt es nichts! Man kann noch so wütend und traurig sein, muß aber alles Menschliche in sich unterdrücken, wenn man den Rapport entgegennimmt. Da steht Hauptmann Ratkovitsch starr vor der Kompanielinie, es herrscht Stille, es fällt lautlos ein lyrischer Schnee, und der Hauptmann, in der edlen Absicht, sich zu konzentrieren, wie es im Dienstreglement vorgeschrieben ist, denkt nach, warum eigentlich diese zweihundert Menschen hier unter Waffen stehen und warum Alarm geschlagen worden ist. Und Ratkovitsch weiß tatsächlich einen Augenblick lang nicht, warum es zu den Vorgängen der letzten zehn Minuten gekommen ist – denn seit dem Augenblick, da der Feldwebel Videk oben in der Kanzlei die Lade auf den Korridor geworfen hat, ist alles nur ein nervöser Krampf gewesen, alles nur klischierte Dummheit, eine tote Sache, ein poröses Hirn, nichts.

Ach ja... Skomraks Brief... Einbruch... Diebstahl... Meuterei...

Und nun stellt sich der Hauptmann vor die Kompanie: »Honveds, in der Kompanie hat sich ein Fall von Meuterei ereignet!«

Die Zagorianer zucken zusammen. Das überrascht sie: Donnerwetter, Meuterei ist keine Kleinigkeit. Vom ersten Tag an, da sie als Honveds mobilisiert worden sind, hören sie tagtäglich von der verfluchten Meuterei: Meuterei wird mit dem Strick bestraft, mit der Kugel, mit Ketten, Kolben, Stöcken... Meuterei ist der Teufel, vor dem die Honveds zittern wie der Pfaffe vor Beelzebub. Meuterei ist ein Wort mit magischer Kraft, und aus der Zagorianer Leibeigenenperspektive klingt dieses Wort ganz anders als aus der Perspektive des Dienstreglements, das der Herr Hauptmann als Heilige Schrift anbetet.

»Jawohl, Honveds, ein Fall von Meuterei! Zwei Honveds sind desertiert, und einer hat mir gar brieflich gedroht, er würde mich wie einen Hund erschießen.«

»Oho!« Erregung läuft durch die Kompanie.

»Jawohl, er hat mir gedroht, mich umzubringen! Wißt

ihr, was diesen unglücklichen Dieb erwartet? Der Strick erwartet ihn! Die Zunge wird ihm bis zum Nabel heraushängen... Das ist aber noch nicht alles! Heute nacht hat jemand in der Kanzlei in meine Lade eingebrochen, hat das ganze Geld gestohlen und den Tisch auf schweinische Art versaut. Unteroffiziere, ich appelliere an eure Ehre und euren Charakter, daß ihr mir diesen Gauner findet! Honveds, ihr habt den Fahneneid geleistet, es ist eure Pflicht, den Täter zu verraten. Bei Gott, ich lasse euch sonst dezimieren! Kohn, wieviel war in der Lade?«

»205 Kronen, 16 Heller, melde gehorsamst, Herr Hauptmann.«

»Habt ihr gehört, Honveds? Zweihundertfünf Kronen habt ihr mir diese Nacht gestohlen. Wenn der Schuldige nicht gefunden wird, seid ihr alle Diebe.«

»Ei, ei, hunderttausend Kuttelflecken!« Die Kompanie erschrak. »Das ist ja ein Vermögen.« Und die Sozialisten, die Kompaniejakobiner, diese Gauner und Hühnerdiebe, lachen sich ins Fäustchen – es ist ja so schön, daß das dem Hauptmann geschehen mußte.

Was hat man ihm denn gestohlen? Es wurde ihm nur das zurückgestohlen, was er den anderen weggeschnappt hat!

»Honveds, hört mich an, es ist besser, wenn sich der Dieb selbst meldet. Wenn ich ihn erwische, lasse ich ihm die Haut abziehen!«

Mäuschenstille. Die Kompanie schweigt, niemand rührt sich.

»Bei Gott, wahrhaftig, ich werde euch alle büßen lassen, ihr werdet im Zug zu fünft gefesselt gehen wie Hunde, während des ganzen Transports, hört ihr? Ich werde euch den Sold auf zwei Wochen abziehen. Morgen, beim Abmarsch, wird kein Bier gesoffen, ich werde das Bier in den Abort schütten lassen, habt ihr verstanden? Ihr müßt wissen, wer heute nacht auf den Abort gegangen ist!«

Die Kompanie wird nervös. Nicht so sehr wegen der

Fesseln, als wegen des Solds und der Bierration. Und so zieht sich die Untersuchung langsam wie eine Schnecke von Zug zu Zug. Wer hat auf dem Abort gelärmt? Wer hat bei einer Frau geschlafen?

Man stellte fest, daß diese Nacht nicht eben viele auf den Abort gegangen waren – drei vom dritten Zug und zwei vom vierten, und die waren alle gleich zurückgekommen. Höchstens zwei Minuten waren sie draußen geblieben – kamen also aller Wahrscheinlichkeit nach als Schuldige nicht in Frage. Es fand sich kein Indiz. Von Skomrak und Fink, den beiden Hauptverdächtigen, behauptete die Hälfte des ersten Zugs, sie hätten nicht in der Kaserne geschlafen und wären erst bei der Reveille erschienen. Andere schworen wieder, das sei nicht wahr. Und so konnte man der Sache nicht auf den Grund kommen. Dann erinnerte sich jemand, daß der Honved Ratschisch erst, als die Trompete das Reveille-Signal gegeben hatte, in die Kaserne zurückgekehrt sei.

»Ratschisch, Ratschisch!« schrie Ratkovitsch wütend. »Verdammt noch einmal, muß ich Sie einladen? Laufschritt! Ist es wahr, daß Sie diese Nacht nicht in der Kaserne geschlafen haben?«

»Ja.«

»Wer hat Ihnen das erlaubt?«

»Niemand.«

»Ach so! Und wo waren Sie? Bei welcher Hure haben Sie sich wieder herumgetrieben?«

Ratschisch sah Ratkovitsch wortlos an, und der Hauptmann wurde immer wütender.

»Was schaut er mich mit seinen frechen grünen Augen so an? Er fixiert mich geradezu herausfordernd! Treibt sich die ganze Nacht herum, versaut mir das Defilee und ist auch noch hochnäsig, so ein Tepp, so ein Tepp, nicht einmal Matura hat er! ... Was glotzen Sie mich so an, reden Sie, wo waren Sie?«

Ratschisch schaut dem Hauptmann ruhig in die Augen und schweigt.

»So, Sie trotzen?«

Ein würdeloser, schmutziger Gedanke zuckte in dem Hauptmann auf. Doch er verwarf ihn sofort. Das wäre unwürdig.

Aber schließlich... warum nicht? So ein ganz gewöhnlicher sozialer und moralischer Niemand. Damit hatte er sich selbst wieder Mut gemacht, und um Ratschischs frechen Blick, der ihn durchbohrte, zu brechen, versetzte er ihm einen derben Schlag.

»Was stehen Sie hier, als ginge Sie das alles nichts an? Halten Sie es denn für unmöglich, daß Sie die Sau sind, die man sucht? Hierher, Jagaltschek, Petek! Durchsucht diesen Honved, durchsucht ihn gut, damit wir sehen, was mit ihm los ist.«

Jagaltschek und Petek sprangen wie wilde Tiere auf Ratschisch los. Petek riß ihm drei Knöpfe ab und zerkratzte ihm mit den Fingernägeln in irrsinniger Wut die Brust. Schmutzige Finger durchwühlten die Taschen in Mantel und Hose, rissen ihm den grünen Sack vom Leib, warfen ihn in den Dreck und kehrten das Futter nach außen. Nichts, nirgends etwas! In der Tasche eine Krone, zwei Groschen, ein zerknülltes Taschentuch und seine Identitätskapsel. Ratkovitsch starrte auf Ratschisch und brüllte vor Wut – er wußte in diesem Augenblick, daß er etwas Anomales tat, konnte aber nicht mehr zurück.

»Zieht ihm auch die Hosen herunter! Wir werden schon sehen, Hosen herunter!«

Sie reißen ihm auch die Hosen und Unterhosen herunter, und nun steht Ratschisch im Hemd vor der Kompanie, halbnackt in seiner schäbigen Wäsche, während der Schnee herniederflattert, und in der Stadt die Mittagsglokken läuten.

Er erinnert sich, daß auch der Menschensohn vor dem

damaligen Hauptmann Pontius Pilatus nackt ausgezogen und angespuckt wurde – auf einmal kam ihm das alles komisch vor. Er mußte laut auflachen.

Des Hauptmanns Blick wurde eiskalt.

»Sie lachen auch noch? Warten Sie nur ab, Sie werden noch lachen lernen!«

»Melde gehorsamst, Herr Hauptmann, die Anzeige ist erstattet!« Korporal Videk salutiert und läßt sich durch die Tatsache ermutigen, daß es schon Mittag ist, und die Zeit eilt.

»Videk, Sie führen die Untersuchung! Mir ist alles egal. Es geschieht ja nur in eurem Interesse. Die Waggons werden verriegelt, und alle wie Hunde gefesselt. Sagen Sie der Mannschaft, daß es morgen beim Abmarsch an die Front kein Bier und keinen Sold geben wird. Sagen Sie es ihnen, Videk! ... Und Sie dort – marsch zum Rapport!« brüllt er Ratschisch an, der nackt und durchfroren wieder in seine schmierigen ärarischen Fetzen schlüpft.

»Wir werden dort über diese Schweinerei beim Defilee weiterreden. Ich werde Ihnen Gelegenheit geben zu lachen, Sie eingebildeter Affe!«

Der Rapport zog sich heute wie ein Bandwurm in die Länge, von der Schulmauer bis zum Zaun am Ende des Hofes. An solchen Tagen, vierundzwanzig Stunden vor Fronteinsatz, finden sich allerlei Gelegenheiten zum Rapport. So wurden heute die vierundzwanzig Maroden, pardon, Schwindler, vorgeführt. Bis sich der Hauptmann vom rechten bis zum linken Flügel durchgeschlagen hat, wird die Menage bestimmt schon kalt geworden sein, und dann wird zum Sammeln geblasen. Marsch, in die Kirche und zum Impfen! Und der Bauer wird keine Minute Zeit haben, durch den Zaun mit der Frau zu sprechen, die da draußen im Kot mit dem roten Regenschirm wartet...

Als erstes Opfer stand in der Rapportlinie der Korporal vom Tag, Jurkovitsch. Er zitterte und salutierte doch vorschriftsmäßig, brav und scharf, so daß sein Bajonett und seine Patronentaschen vom Schlag der Hände widerhallten, und ebenso sang er im fortissimo seine Rapportlitanei.

»Salutiere noch einmal, du faules Schwein! Ist das ein Gruß? ... So, und du behauptest, du hättest die Kompanie visitiert, fauler Hund, was?«

»Jawohl, Herr Hauptmann, melde gehorsamst!«

»Und wann hast du sie visitiert, du unverschämter Lügner?«

»Gegen Mitternacht haben wir alle Räume mit dem Herrn Kadettaspirant überprüft, melde gehorsamst, Herr Hauptmann.«

»Und euch ist nichts aufgefallen?«

»Nichts, melde gehorsamst, Herr Hauptmann.«

»Ach so, du Scheusal, ihr habt nichts gefunden? Für dich ist das nichts, wenn ihr nichts gefunden habt, und die Lampe im Abort, wie, das ist auch nichts, und die vier Gewehre, die sind auch nichts? Zwei Spitzbuben sind vor eurer Nase desertiert, das ist auch nichts? Das ist eine Revolution, und eine Revolution bedeutet dir nichts, verdammtnocheinmal, was stehst du so krumm da wie ein Krüppel? Schau mir in die Augen, was stierst du zu Boden wie ein Hund, du faules Schwein? Was ist mit Skomrak, so rede doch schon!«

»Herr Hauptmann, bitte gehorsamst...«

»Kusch, du Schwein, dreckig bist du wie ein Schwein, wann hast du dich zum letztenmal gewaschen? Was ist das für eine Sauce auf deinem Mantel? Kohn – die Bürste!«

Es fand sich eine Bodenbürste, man rieb am Mantel des Zugsführers, und eine kleine Staubwolke stob auf.

»Siehst du, wie dreckig du bist, siehst du?«

Und der Hauptmann fuhr mit der scharfen Bürste über

das Gesicht des Zugsführers. Der sprang vor diesem Schmerz davon und riß den Kopf so zurück, daß er die Mütze verlor.

»Wirst du Habtacht stehen bleiben, wie es vorgeschrieben ist, du Schwein, und was für eine lange Frisur trägst du, wie ein Zigeuner, bist du ein Zigeuner oder vielleicht ein Maler? Wozu hast du da deinen Barbierladen, wie, du Dieb!«

Der Hauptmann begann, das Haar des Zugsführers über dessen Ohren zu drehen, bis zur Haut... Ja, er würde ihm schon Ordnung beibringen!

»Da winselst du, was, winsle nur, du wirst dir merken, wie du gewinselt hast! Wenn wir nicht morgen hinaus müßten – ich würde dich schon in die Zange nehmen, aber ich bin ja gutmütig, und ich will es nicht. Eine Nacht wird schon genügen. Videk, in den Keller mit ihm, sofort, da kann er bis morgen früh frieren! Weder Wasser noch Brot bis zum Morgen. Sie sind verantwortlich, Videk, ich werde dir schon geben, Scheusal, marsch!«

»Herr Hauptmann, melde gehorsamst, ich übernahm den Dienst des Tageskorporals«, meldete sich der zweite diensthabende Korporal vom Tage, der einen Schritt weiter rechts stand. Der Hauptmann übersprang den zweiten diensttuenden Korporal (verdammtnocheinmal, es ist schon spät, es ist schon Mittag, der Teufel soll diesen blöden Rapportdienst holen), und so blieb er vor dem Honved Trtek stehen.

»Melde gehorsamst, Herr Hauptmann, der Honved Aloisius Trtek meldet, seine Mutter sei gestorben.«

»Kohn, Sie indolentes Rindvieh, habe ich Ihnen nicht gesagt, Sie sollen mich mit solchem Blödsinn verschonen?«

»Herr Hauptmann, bitte gehorsamst, ich habe ihn weggejagt, aber er hat geweint und gejammert, seine Mutter liege auf der Bahre.«

(Trtek kam es mehr darauf an, sich vor der Front zu retten, als dem Begrägnis seiner Mutter beizuwohnen. Wenn er nämlich wiederkam, und sei es auch schon in zwei Tagen... die Kompanie war dann nicht mehr hier, und bis zum nächsten Transport war noch viel Zeit. Vielleicht war dann der Krieg schon zu Ende.)

»Geweint hat er? Der Esel hat auch auf dem Eis getanzt und gebrüllt und ist doch ersoffen! Was kann ich dafür, daß deine Mutter gestorben ist. Wir sind kein Bestattungsverein. Blöder Ochse. Weshalb weint er denn? Er lügt, er lügt auch jetzt und hier?«

»Herr Hauptmann, bitte gehorsamst, sie haben das Telegramm auf der Gemeinde gestempelt...«

»Natürlich, auf dem Gemeindeamt, mit Stempel, ihr durchtriebenen Schwindler, glaubt ihr, ich weiß nicht, was ein Stempel kostet, zwei Truthähne. Glaubt ihr, ich bin nicht so gescheit wie ihr? Na also, und außerdem bist du nicht rasiert! Wer rührt sich da auf dem linken Flügel? Welches Schwein wagt es...?«

Der Zigeuner und Honved Georg Makek hatte sich gerührt, der von der Patrouille der Militärpolizei verhaftet wurde. Man hatte ihm die Hände kreuzweise gefesselt, und er versuchte, mit den Zähnen die scharfe Kette etwas zurechtzurücken, aber diese Bewegung war der Funke im Pulverfaß.

»Wer ist das?« schrie Ratkovitsch und stürzte wie ein Geier zum linken Flügel. »Ach so, das bist du, mein lieber Zigeuner, schau, schau, und du bist hier beim Rapport erschienen, und was macht dein Zigeunerwagerl und dein Zigeunerfreiheitchen, du mein liebes Vögelchen, jetzt warst du doch so liebenswürdig und bist zu uns zurückgekehrt, und dabei stinkt es hier doch nach Kaserne!«

Von seinem kränklichen Sarkasmus fiel er unvermittelt in helle Wut.

»Schwarze Bestie, du, du bist nicht nur ein Deserteur,

sondern du rührst dich auch noch beim Rapport, was soll ich mit dir machen, soll ich dich ohrfeigen? Aber wozu soll ich mir die Hände schmutzig machen... Warte nur, du schwarzer Hund... Videk? Videk? Bitte!«

Und der Zigeuner erfaßte sofort, was es zu bedeuten hatte, wenn der Feldwebel Videk herbeigerufen wird. Er hatte Fieber, die ganze Nacht hatte man ihn geprügelt, und nun stand er barfuß im Schnee, seine Nerven ließen nach, er fing an zu jammern.

»Oh, mein Kapitänchen, ich küsse Ihr Füßchen und die liebe heilige Erde. Verzeih mir, nie mehr... ich werde ganz brav sein... Kapitänchen, untertänigst bitten wir Sie um Pardon...«

»Videk, Videk!... warte nur, Scheusal, daß ich dir nicht dein Maul zerdresche!«

Und der Zigeuner begann, die Stiefel des Hauptmanns zu küssen, indem er sich in den Kot warf und laut jammerte.

»Eijeijei, mein Kapitänchen...«

Der Feldwebel Videk kam aus dem Keller, wo er eine Minute vorher Herrn Korporal Jurkovitsch auf die Kohlen geworfen hatte, zwirbelte seinen Schnurrbart auf und nahm Habtachtstellung an.

»Videk, binden Sie diesen Gauner an, daß er sieht, was es heißt, das Gewehr wegzuwerfen und ärarisches Gut zu verkaufen!«

»Au weh, au weh...«

»Steh auf, Zigeuner!«

Videk trat wie ein Scharfrichter auf den Zigeuner zu und sah ihn mit seinen Schweinsaugen an.

»Steh auf! Hast du gehört, das ist ein Befehl!«

Und Herr Feldwebel Videk trat Makek mit den Stiefelspitzen in die Rippen. Aber der Zigeuner wollte nichts hören, er wand sich wie ein Epileptiker am Boden.

»Au weh... Herr Kapitän, untertänig...«

»Was, packt ihn! Macht er Witze?« schrie Ratkovitsch grob.

Zwei Korporale sprangen hinzu, rissen Makek hoch und hielten ihn fest.

»Honveds, habt ihr gesehen, was mit Eidbrüchigen geschieht? Willst du Elender vielleicht mit dem Staat deine Witze machen? Unser Staat ist so groß und stark, daß er euch wie einen Floh zerquetschen kann, und kein Hahn wird danach krähen, du Knecht, du lausiger! Es ist besser, wenn du dich meldest, wenn du derjenige warst, der heute nacht in der Kanzlei eingebrochen hat. Melde dich, denn wehe dir, wenn ich dir draufkomme!«

Während der Hauptmann so schrie, standen die Honveds in trauriger Teilnahmslosigkeit stumm da und sahen zu, wie dem Zigeuner die Fesseln abgenommen wurden, wie er unter die Kastanie geschleppt und hochgehoben wurde... es ist eine Qual zu hängen!*

Und nun hatten sie den Zigeuner, Deserteur und Honved Makek aufgehoben, und der begann, verzweifelt zu schreien und winseln. Die Schuldienerin erschrak und flennte ebenfalls, und so entstand ein irrsinniges Geheul da und dort: das Kindergeschrei im Keller und das Gejammer des Zigeuners unter der Kastanie.

»Laufen Sie zu dem Weib und sagen Sie ihr, sie soll kuschen, sonst kommt sie samt ihrem Pack auch gleich an die Kastanie!« sagte Ratkovitsch beleidigt und spazierte vor dem Rapport auf und ab.

»Honveds, hört mich, findet mir dieses Ekel, das oben

* Schon während der Kreuzzüge wurden Menschen auf diese Weise gemartert, und diese Praxis kam seither in jedem europäischen Krieg zur Anwendung. Dem Opfer werden die Hände gekreuzt auf den Rücken gebunden und der Körper mit einem Seil hochgezogen, bis die Fußspitzen den Boden nicht mehr berühren und das ganze Körpergewicht auf den kreuzweise gebundenen Armen ruht. So entstehen unerträgliche Schmerzen in den Unterarmen und in den Gelenken.

meine Kanzlei versaut hat, wenn es heute nicht gefunden wird, werde ich euch wie Hunde im Waggon anbinden. Und am Nachmittag wird jeder Zehnte von euch – ohne Ausnahme – an den Kastanien hängen!«

Ratschisch hörte Ratkovitsch schreien und dachte: Tja, jetzt schreit er und droht. Und er wird es auch tun. Nichts wird ihn daran hindern können. Er wird die Leute während der Fahrt anbinden, und sie werden wie Hunde heulen. Und am Nachmittag werden sie da auf der Kastanie wie die Leichen hängen. Das wird er befehlen, der Herr Hauptmann Ratkovitsch. Ist das noch der Ratkovitsch, der im Gymnasium dem Alphabet nach hinter mir saß und hier im Schulhof der Rosengasse hinter dieser Kastanie Blinde Kuh gespielt hat? ... Ist das der Ratkovitsch, dem ich die unregelmäßigen griechischen Verben souffliert habe, der mit mir das Herbarium gepreßt und die Pflanzen im Wald ausgegraben hat – eine von ihnen hieß »Hundezahn« (detrimonium dens canis) –, und wer hätte sich gedacht, daß derselbe Bub mich mit seinen Hundezähnen zerfleischen würde? Was für ein Teufel ist in diesen Menschen gefahren? ... Er ist dumm! Nichts anderes. Einer ist eben dumm, und ein anderer nicht... das ist alles...

Im selben Moment begann der Zigeuner auf der Kastanie vor Qualen zu erbrechen, und aus dem Keller wurde wieder das hysterische Heulen der Schuldienerin laut. Und vor ihm stand die Reihe bereit zum Rapport, schmutzige Fleischsäulen, eine neben der anderen... und hinten, die Kompanie unter dem Gewehr im Schnee.

Vielleicht ist das alles doch dumm, was ich tue... dachte der Hauptmann einen Moment lang...: Warum tue ich das? Ich kann mir doch nicht meinen Schreibtisch versauen lassen! Man droht mir, mich zu erschießen, schreibt mir offene Briefe... da soll ich gutmütig sein? Aber wozu verteidige ich mich da? Mir kann keiner an, ich kann tun, was ich will. Was glotzt mich dieser Niemand so herausfordernd an?

»Was schauen Sie so blöd, Ratschisch, was? Glauben Sie, ich sehe nicht, daß Sie mich anschauen, nicht wahr? Sie haben mich schon die ganze Zeit bei der Untersuchung angestarrt, passen Sie auf, daß ich Ihnen nicht zeige, wen Sie anglotzen können! ... Na, was ist, was glotzen Sie mich an, schauen Sie geradeaus, geradeaus, haben Sie gehört?!«

Ratkovitsch ging irritiert auf Ratschisch zu.

»Honved Ratschisch, schauen Sie geradeaus, haben Sie gehört?!«

Doch Ratschisch wandte seinen Honvedblick nicht von den Augen des Hauptmanns. Er sah vor sich jenen Ratkovitsch, der von ihm die Griechisch- und Lateinaufgaben abgeschrieben hatte. Und dieser Kretin vor ihm wollte das nicht begreifen.

»Was brummen Sie da? Ich habe Sie etwas gefragt!«

»Ich habe nicht gebrummt.«

»Kusch, schauen Sie geradeaus, nicht zu mir, haben Sie verstanden? Kusch, und stehen Sie stramm!«

»Ich schaue niemanden an«, konnte sich Ratschisch nicht enthalten zu sagen.

»Ach so, bin ich niemand, ich bin niemand, nicht wahr, das wollen Sie sagen, so denken die ... Anarchisten, Anarchist! Glauben Sie, ich könne Sie nicht anbinden wie den dort?«

Ratschisch zuckte ruhig die Schultern ...

»Hör zu, Ratkovitsch. Du bist ein Kretin, wenn du nur wüßtest, wie egal mir das ist, ob du mich anbindest oder nicht ...«

»Wa-a-as? – Videk, fesseln Sie diesen Anarchisten, er soll sehen, wie man mit mir spielt, gleich, Videk, schnell! Fesseln Sie dieses Schwein!«

Sie packten Ratschisch und banden ihn an die andere

Kastanie, deren Äste von solchen Experimenten genauso abgerindet waren wie die jener, auf der der Zigeuner mit einem anthrazittintenblauen Gesicht hing.

Ein heftiger Schmerz durchfuhr Ratschisch: die ganze Müdigkeit der durchwachten Nacht, die Anstrengung der Übung, die Ohrfeige an der Bataillonspforte, die Durchsuchung vor ein paar Minuten... all das brach jetzt schwer und zusammengeballt über ihm zusammen. Nach drei Sekunden wurde ihm schwarz vor den Augen.

»Er ist in Ohnmacht gefallen, melde gehorsamst«, ließ sich Videk hören.

»Nehmt ihn herunter. Er hat genug. Soll nach oben verschwinden. Auch diesen Zigeunerhund nehmt herunter! Wie die Hunde müßte man sie erschießen, alle, ohne Pardon, und nicht so barmherzig mit ihnen umgehen.«

Ratschisch wurde losgebunden, und zwei Korporale führten ihn hinauf zu seinem Strohsack. Wie ein Betrunkener taumelte er hin und her, seine Beine schlotterten, als wären alle Knochen gebrochen. Er simulierte nicht, er hatte genug.

»Videk, schreiben Sie auf, daß er heute nacht zur Wache eingeteilt wird, vergessen Sie nicht!«

»Verstanden, Herr Hauptmann, gehorsamst!«

Und während der Hauptmann seinen Rapport fortsetzte, kam er zum Honved Griletz, einem Asphaltierer.

Drüben am Zaun, in einen roten Wollschal gewickelt, wartete seine Frau vor Kälte zitternd in ihren zerrissenen Schuhen, durchnäßt vom Schnee, darauf, daß dieser lange Rapport endlich zu Ende gehe und ihr Mann ihr das Brot gebe, das er für die Front gefaßt hatte. Zwei Tage schon hatten sie zu Hause kein Brot – auf Marken bekam man keines, und im Schwarzhandel war es zu teuer. – Und nun stand der Asphaltierer Griletz beim Rapport... Morgen ging es an die Front, vielleicht bekam er heute noch Urlaub und konnte daheim schlafen, unter der roten Decke.

»Herr Hauptmann, bitte gehorsamst um Ausgang bis morgen früh.«

Der Hauptmann konnte den Honved Griletz halbwegs gut leiden, seit ihm der die Küche asphaltiert und aus eigenem drei Asphaltplatten dazugegeben hatte.

»Na, was ist, Griletz? ... Ach ja, du bist verheiratet.«

»Jawohl, Herr Hauptmann, melde gehorsamst.«

»Und wo wohnst du?«

»Tratinerstraße, Herr Hauptmann.«

»Und wie alt ist deine Frau?«

»Neununddreißig Jahre, Herr Hauptmann, melde gehorsamst.«

»Hm, hm. Was soll ich tun, Griletz? In deinem Interesse ist es, daß ich dich nicht weglasse. Morgen bist du dann krepiert, und ich kann keine Krepierten brauchen. Morgen werden wir vor dem Adlatus defilieren, da muß man stark sein. Im Krieg kämpft man und schläft nicht mit Frauen.«

»Herr Hauptmann, melde gehorsamst, ich war die ganze Woche nicht zu Hause. Und morgen gehe ich an die Front... Ich bitte Sie ergebenst...«

»Na gut, Griletz, ich werde dich gehen lassen! Aber du mußt vernünftig sein, du mußt mir dein Ehrenwort geben...«

»Ich werde, Herr Hauptmann, bitte ergebenst.«

»Kohn, Griletz hat bis zur Reveille Urlaub! ... Und was willst du, Esel?«

Ratkovitsch war zum nächsten Soldaten gekommen.

»Herr Hauptmann, gehorsamst... äh... äh... nein...« Der Bauer wurde verwirrt, und der Schweiß brach ihm aus. »Nein... nein... Herr Hauptmann, Honved Fsafuk Michael bittet ergebenst um Ausgang bis morgen früh...«

»Ist deine Frau vielleicht auch gekommen, was?«

»Ja, sie ist gekommen, Herr Hauptmann.«

»Und wie alt ist sie?«

»Dreiundzwanzig Jahre, melde gehorsamst.«

»Nein, du wirst nicht gehen, keine Rede...!«

»Herr Hauptmann, ich war mit ihr zwei Monate nicht zusammen...«

»So, und ich soll dich zum Rendezvous schicken, damit ihr euch paaren könnt? Ich bin kein Stundenhotel, verstehst du!«

»Ich bin immer brav gewesen...«

»Kusch... Was? Auch Ausgang, lächerlich, nicht möglich, jetzt bin ich euch recht, nicht wahr, jetzt kriecht ihr vor mir, heimtückische Bagage, und sobald ich mich umdrehe, werdet ihr zu Hyänen, Schluß, kein Ausgang, verstanden?! Heute nacht gibt's keine Hurerei! Wer Ausgang haben will, soll die Hand heben!«

Eine lange Reihe Hände fuhr in die Luft, eine neben der andern, es waren unzählige...

»Wieviel Schweine sind das, Kohn?«

»Siebenundzwanzig, Herr Hauptmann, melde gehorsamst.«

»So, siebenundzwanzig. Glaubt ihr denn, daß die Kompanie ein Bordell oder eine Beschälanstalt ist? Wir sind keine Kupplerei, keiner bekommt Ausgang, nichts da, verstanden!... Wer rührt sich dort schon wieder?«

Ratkovitsch sprang über zwei, drei Pfützen und blieb vor einem Honved stehen, der sich gerührt hatte und jetzt nicht wußte, ob er den Arm senken oder ihn in die Luft erhoben lassen sollte, während er mit dem Hauptmann sprach.

»Wie heißt du, Gauner?«

»Honved Kolaretz Iwan. Das Wasser rinnt mir in die Schuhe, deshalb habe ich mich gerührt, melde gehorsamst, Herr Hauptmann.«

Und seine Hand ragte weiter in die Luft, denn auch er bat um Ausgang.

Tatsächlich, das Terrain im Schulhof war uneben, und eben dort, wo Kolaretz stand, hatte sich das Wasser aus dem Kanal in eine fußhohe Grube ergossen, in der nun seine Schuhe versanken.

»Was soll ich mit dir tun? Soll ich dich ins Wasser schmeißen? ... Hau ihm eine herunter, ja, du, was wartest du noch, soll ich mich vielleicht hier plagen und euch auch noch ohrfeigen? Was ist, der Honved links von Kolaretz, ja, du, ohrfeige dieses Schwein, hast du gehört?«

Was kann man da machen? Der Befehl muß ausgeführt werden, dachte der Honved links von Kolaretz und gab ihm eine Ohrfeige, und zwar eine ziemlich starke. Das erheiterte die Köche, und sie brachen in Gelächter aus. Bei den Kesseln in der Küche war es warm, und die Köche waren satt, und warum sollten sie über diesen Zirkus nicht lachen?

»Was quaken diese Köche da? Was haben die zu lachen, warum sind sie nicht hier beim Rapport wegen des Schmalztopfes, Videk, reihen Sie diese Kochschweine da in Reih und Glied ein, es soll nur einer beim Kessel bleiben. Da, in die Reihe, große Kniebeuge, zwei, sie sollen auf zwei bleiben, ich werde sie lachen lehren!«

So reihte Videk die Köche ein, kommandierte ihnen große Kniebeuge, eins – zwei! Und die Köche erhoben sich zuerst auf ihre Fußspitzen und sanken dann zur Erde, wo sie mit gespreizten Knien und gekrümmten Beinen hocken blieben.

»Na, was ist – was wartet ihr hier noch?«

Die siebenundzwanzig grünen Semaphore der erhobenen Hände erwarteten noch immer ergeben ihr Schicksal. Die Angst hat sie ergriffen. Schon bei Griletz hatten sie gefühlt, daß es schwierig sein würde – und Griletz hatte seinen Asphalt hergegeben, drei Platten Asphalt, jede fünf Kronen siebzig Heller –, wie würde es da erst ihnen, den Jungverheirateten, ergehen? Aber sie hatten doch gehofft, ihre Frauen hatten draußen gewartet... wenn schon nicht Ausgang bis zur Reveille, dann doch wenigstens bis neun Uhr... oder bis elf, da konnte man doch ausbleiben! Und so waren sie angewurzelt stehengeblieben mit ihren in die Luft gestreckten Händen.

»Na, was ist? Ihr Siebenundzwanzig – habt acht, kehrt euch!«

Die Leute drehten sich wortlos um.

»Marschieren, Direktion Kompanie, marsch!«

Und so marschierten die Semaphoren-Honveds wieder zur Kompanie, und noch immer hielt der eine und andere die Hand in die Luft gestreckt und ließ sie erst sinken, als er seinen Platz im Zug erreicht hatte, von der traurigen und harten Wirklichkeit niedergeschlagen.

Beim Rapport klaffte nun ein siebenundzwanzig Schritt langes Loch, und dann kamen die Maroden.

Als sich der erste Marode meldete, lief Ratkovitschs Gesicht rot an. Er erinnerte sich an Skomrak, an den Brief und an die Schublade, denn das alles hatten bestimmt die Maroden getan, krätzige Bagage, niederträchtige Feiglinge, Marodeure, Simulanten, Schweine!

»Nicht wahr, jetzt stinkt euch die Uniform, jetzt hättet ihr wieder gern das Spitalröckchen an, jetzt würdet ihr gern Karbol trinken, aber daheim im Urlaub seid ihr stolz auf eure Uniform, nicht wahr? Da näht ihr euch Sterne auf, auch wenn ihr gar keine habt. Da tragt ihr Orden, damit euch die Weiber bewundern. Jetzt aber ist sie euch lästig, die Uniform. Jetzt habt ihr den Schwanz eingezogen, jetzt sind wir auf keinem Weihnachtsurlaub, jetzt gibt's kein Paradieren!«

Und der Hauptmann wäre sicher wieder in Wut geraten, hätte vielleicht die Maroden anbinden lassen und sicherlich einige verprügelt, wäre nicht in diesem Augenblick vom ersten Stock eine Ordonnanz gekommen, mit der Meldung, der Herr Hauptmann werde am Telephon verlangt.

»Wer ruft an?«

»Eine Dame, melde gehorsamst, Herr Hauptmann.«

– Oh, das ist Kitty, wie spät ist es? Halb eins vorbei! Kruzifix! Ich habe mich zum Mittagessen verspätet. Diese verfluchte Bagage! Fünf Minuten nach halb eins...

Und der Herr Hauptmann Ratkovitsch ließ die Untersuchung und den Rapport und die Köche »in Kniebeuge zwei« stehen und eilte sporenklirrend zum Telephon in den ersten Stock.

Das Mittagessen bei Frau Kitty Magaritzki hatte sich über vier Uhr hingezogen. Madame Magaritzki war eine Dame der sogenannten vornehmen bürgerlichen Gesellschaft. Ihr Herr Gemahl war Architekt, einer der bekanntesten sogar, denn die scheußlichen majolika- und stuckverzierten Häuser, die er in den letzten Jahrzehnten in unserer Stadt gebaut hatte, hatten allgemeine Bewunderung gefunden. Jetzt war ihr Herr Gemahl Reserveoffizier, Ingenieuroberleutnant in der Etappe, schon das zweite Jahr an der Front und schrieb, es gehe ihm als Reserveoffizier ganz gut. Er baute jetzt Brücken über die Weichsel, und Frau Kitty, steril und vereinsamt, war eine vornehme Dame, die sich dem aufopfernden Dienst als Krankenschwester beim Kroatischen Roten Kreuz widmete. Und im Laufe der Begebenheiten wurde Herr Hauptmann Ratkovitsch der zweite Liebhaber dieser Kriegssaison.

Makart-Speisezimmer, »Sang und Klang«, Limonade, ein Marinebild von einem bekannten Marinemaler im Goldenen Salon, »die Bibliothek der Unterhaltung und des Wissens«, jeden Mittwoch und Samstag im Café Corso – all das war Frau Kitty Magaritzki, die ohne ihre gefärbten Haare und Augenbrauen nicht ohne Charme gewesen wäre und im frischgewaschenen weißen Batist und im sauberen Dreß eine ganz kokette Krankenschwester abgab.

Der Herr Hauptmann hatte nicht lange gebraucht, diese Festung zu stürmen, aber in letzter Zeit hatte es ganz den Anschein, daß auf der Bastion der »Gnädigen Frau« auch die Flagge des Kriegsschiffes »SMS Erzherzog Max« flatterte; deren Fahnenträger war für die Damen und Kriegerwitwen im Café Corso der Herr Korvettenkapitän von Ketschmarek, ein charmanter Flieger und bekannter Kavalier.

Die ganze sentimentale Romanze zwischen dem Herrn Hauptmann Ratkovitsch und Frau Kitty Magaritzki glich überhaupt in letzter Zeit schon einem schlechten Zahn, der bald entfernt werden sollte. Zwar schmerzten dabei noch einige Nerven, aber Frau Magaritzki zeigte sich energisch und gar nicht wehleidig, und so ging es leichter, als man dachte.

Das war in der vorigen Nacht gewesen – einer dramatischen, schweren Nacht.

Der Hauptmann lag da und spürte die Wärme der Frau und den Schatten des Herrn Korvettenkapitäns, der sich bald in dieser geliebten Seide wärmen würde, während er in Galizien Läuse knackte – und alles wurde ihm widerlich.

Das ist, genau genommen, keine Kleinigkeit. Da kann alles zerbrechen und zerreißen.

Das Gaslicht von der Straße fiel durch die Jalousien des Zimmers im ersten Stock und ließ die japanischen Porzellanvasen erglitzern. Herr Milan hatte sie einmal in Fiume auf einem japanischen Schiff gekauft. Es war gemütlich hier, und draußen im Graben würde es regnen und... der Teufel schlief ja nie: eine Kosakenkugel konnte sich verirren...

»Scheußlich, daß ich wieder hinaus muß! Ich könnte doch hier bleiben, ich bin krank, geliebte Kitty, ich habe genug von allem!«

Frau Kitty lag da und schwieg. Er wußte, sie würde

nicht ein Wort sagen. Wenn sie nur ein Wort sagte, konnte man alles im letzten Augenblick noch ändern. Man konnte eine Lungenentzündung, einen verdorbenen Magen oder ein Nervenleiden konstatieren, dann konnte er sich krank melden, und die Idylle konnte fortgesetzt werden. Aber es fand sich keine Inspiration.

Schließlich, warum sollte man sich abjagen? Es war doch alles sinnlos.

Frau Kitty schwieg. Sie hätte etwas sagen können, aber sie schwieg. Sie dachte nur: adio, mein Lieber!

»Na, Kitty, wie gefällt dir meine Idee?«

»Welche Idee?«

»Na, daß ich in Agram bleibe. Daß ich nicht an die Front gehe. Daß ich mich krank melde... schließlich bin ich doch krank.«

»Ich bin müde, mein Lieber. Ich will schlafen. Es ist schon spät. Und es ist nicht gut, wenn du bis zum Morgen bleibst. Das alles ist für mich kompromittierend.«

Ja, ja, ich kompromittiere die Dame, das verstehe ich. Sie komplimentiert mich jetzt diskret hinaus. Sie macht mich darauf aufmerksam, daß ich verschwinden soll. Es ist alles schon zu Ende, zu spät...

»Wenn ich über Wien zurückkomme, wirst du dann in Wien sein, Kitty? Wir könnten nach Gastein fahren. Ich werde nicht lange oben in diesem dreckigen Galizien bleiben, höchstens ein bis zwei Monate...«

Im Vorjahr war Frau Kitty mit dem Hauptmann in Wien gewesen. Das war der Höhepunkt des Romans, der eigentlich kein Roman, sondern nur eine Kurzgeschichte war.

»Ich wüßte nicht, wann das sein könnte. Wie sollte ich denn nach Wien kommen?«

»Na, so um Ostern herum, hoffe ich...«

»Zu Ostern werde ich nach Lovrana fahren.«

»Ach so, ans Meer? Siehst du, ich hab' da ganz vergessen, daß du in der letzten Zeit das Meer liebst. Ach ja, die k. u. k. Marine und das k. u. k. Meer.«

*»Was meinst du mit Meer? Soll das eine Anspielung sein, mein Lieber?«**

»Nein, nein, keineswegs. Ich meine nur, daß du das Meer liebst. Es ist doch schön...«

Und dann kleidete sich Ratkovitsch müde und niedergeschlagen im Halbdunkel des zerwühlten Schlafzimmers an, sog noch einmal den Duft der jungen Frau ein und suchte unter dem Bett seine Stiefel, seine Sachen, seine Gedanken, überhaupt sich selbst.

Liquidation. Alle Bücher sind unterschrieben und geschlossen. Ja, ja, die Marine, die k. u. k. Marine und das k. u. k. Meer. Diese verdammte Marinefliegergruppe hat in Fiume ihr Kommando! Das Meer! Das kaiserlich-königliche Meer! Fiume ist die dümmste Stadt der Welt!

Ach ja, da kann man nichts machen. Da stößt einen die Frau buchstäblich aus dem warmen Bett in den Schützengraben, ins Loch, an die Front, ins Heldengrab... und da ziehst du dir noch die Socken an und suchst die Stiefel, während sie schläfrig ist. Sie gähnt!... Ach ja.

Auch das Mittagessen war konventionell und dumm. Es war noch eine Cousine von Frau Kitty da, die Gattin irgendeines Arztes (eines Otorhinolaryngologen) und eben dieser gewisse Korvettenkapitän-Flieger, von Kopf bis Fuß wie ein Christbaum mit allen möglichen deutschen, ja sogar türkischen Orden dekoriert. Man aß Fleisch mit Pilzen, trank Rotwein und unterhielt sich über unser Volk, wie furchtbar es vernachlässigt würde, über Bataillonsintrigen und Provinztheater. Während die große englische Uhr im Nebenzimmer die halbe Stunde schlug, empfahl sich Hauptmann Ratkovitsch.

Es dämmerte schon.

* Im Original deutsch.

Schon den ganzen Nachmittag hatte der Südwind Nebel und Wolken in das Tal gedrückt, und nun fiel ein warmer Februarregen. Vorfrühlingshafte, laue Langeweile…

In der Kompaniekanzlei waren die traurigen Gaslampen angezündet worden, und alles sah melancholisch aus. Es herrschte ein ziemlicher Wirbel. Das Telephon surrte, Geld wurde ausgezahlt, Munition, Zwieback und Rum gefaßt… keiner wußte, wo ihm der Kopf stand.

Korporal Kohn legte dem Herrn Hauptmann den morgigen Tagesbefehl vor – er war fast drei Seiten lang –, aber Ratkovitsch war völlig niedergeschlagen und unterschrieb wortlos… wie oft stritt er sich sonst mit Kohn wegen der Kompanietagesbefehle:

»Kohn, Sie haben nicht einmal die Volksschule absolviert! Ein Analphabet sind Sie, Kohn, da gehört doch ein Doppelpunkt hin, zum Teufel, welche Haken machen Sie? Das soll ein A sein? Das ein E? Schreiben Sie bis morgen einen ganzen Bogen voll E und A! Damit Sie schreiben lernen! Nicht einmal schreiben können Sie, Sie schreiben ja hebräisch!…«

Jemand klopfte energisch an die Tür.

Eine gebückte, graue, weiche Gestalt mit Halbzylinder und einem schwarzen Hund an der Leine trat ein und ging direkt auf den Herrn Hauptmann zu.

»Vlahovitsch, Herr Hauptmann. Geheimpolizei. Sie haben mittags in einer wichtigen Sache bei uns angerufen. Ich war so frei…«

»Ah, Sie sind Detektiv! Ja, ja.« Ratkovitsch erinnerte sich an die Ereignisse des Tages, aber er war so geistesabwesend, daß die Ankunft des Detektivs auf ihn keinen Eindruck machte und er Feldwebel Videk den Befehl gab, »alles Zweckmäßige« zu veranlassen und ihn nicht weiter zu quälen…

Dann wurde »zur Vergatterung« geblasen, und die Kompanie sammelte sich im Halbdunkel des Hofes. Die

Leute brachten Lampen mit, damit man besser sehen konnte.

Jemand hatte die gewisse Lade ausreiben lassen, und so konnte der berühmte Polizeihund Cäsar das Corpus delicti nicht an Ort und Stelle beriechen, worauf sein Herr und Meister gleich seine fachmännischen Zweifel über das Resultat der Untersuchung äußerte.

Aber wenn Cäsar schon gekommen war, warum sollte die Kompanie nicht herbeitrompetet werden?

Und so kamen Cäsar, der Herr Detektiv, Herr Hauptmann Ratkovitsch und Feldwebel Videk in den Hof, und Videk begann, der Kompanie zu erklären, wer dieser Cäsar sei, und welche Bewandtnis es mit seinem Besuch auf sich habe.

»Dieser schwarze Hund ist ein gescheiter Hund, viel gescheiter als ihr lausigen Zagorianer, verstanden? Er sieht alles und weiß alles. Honveds, er sieht euch an und wedelt mit dem Schwanz und weiß auch schon, welcher Gauner heute in der Kompaniekanzlei eingebrochen hat. Gleich hat er ihn. Habt ihr mich verstanden? Und deshalb ist es besser und anständiger, wenn sich dieser Gauner meldet, bevor ihn der schwarze Teufel am Genick packt. Denn wißt ihr, was euch erwartet? Dann werdet ihr es schon erfahren! ... Habt ihr verstanden?«

»Das Schwein wird die ganze Nacht im Regen hängen, auf mein Ehrenwort!« meldete sich der Hauptmann aus dem Hintergrund. Jemand hatte gerade die Lampe bewegt, und ein Lichtstrahl fiel auf des Hauptmanns Mantel.

Der Regen rauschte, und die Kompanie stand in Habtachtstellung; niemand rührte sich.

Der Detektiv ließ Cäsar los, und Cäsar stürzte sich auf die Kompanie. Die erste Reihe beschnupperte er ordentlich, dann die zweite und die dritte Reihe, fast wie ein Offizier bei einer Musterung. Dann bellte Cäsar auf, durchschnitt den zweiten Zug in der Mitte – die schwarze Bestie verlor sich irgendwo – und schnupperte niesend an den Schuhen der Leute. So durchlief Cäsar die ganze Kompanie, und dann bellte er an der Spitze: er grub seine Beine in die Erde, fletschte die Zähne und wollte wie ein Jagdhund nach irgendeinem Apport springen.

Der Detektiv wollte schon pfeifen, da bellte Cäsar wieder wütend auf und sprang direkt auf den Herrn Hauptmann zu.

»Marsch, marsch!« schrie Hauptmann Ratkovitsch, aber Cäsar ließ sich nicht abwimmeln. Ratkovitsch spürte den nassen Hund, sah die scharfen, spitzen Zähne – eine furchtbare Wut überfiel ihn, das Blut schoß ihm in den Kopf. Vor den Augen der ganzen Kompanie hatte ihn der Polizeihund angesprungen und angebellt, und er bellte noch immer, der schwarze Teufel, als sei er, Ratkovitsch, persönlich der gesuchte Dieb.

Er persönlich, er, der den Kellnern immer drei Kronen Trinkgeld zurückließ, der mit seinem Geld die Rasierstube geschaffen hatte! Ihn hatte der Hund angesprungen, und das vor der versammelten Kompanie!

Der Herr Hauptmann Ratkovitsch fühlte vierhundert leuchtende Zagorianer-Augen auf sich ruhen, und aus jedem Zagorianer-Honved-Pupillen-Loch lachte eine geistreiche Seele darüber, daß der Dieb nun entdeckt sei.

Haha, du bist der Dieb, du hast uns beim Rasieren bestohlen, jetzt hast du die Folgen...

Furchtbare Angst ergoß sich über Ratkovitsch, und obwohl ihm all das dumm vorkam, saß doch ein Stachel in seinem Fleisch, in seinem Kopf, in seinem Herzen.

Da, selbst Kohn schaute ihn mißtrauisch an, und auch der Detektiv verzerrte sein Gesicht. Alle schauten ihn so mißtrauisch an, auch der Feldwebel Videk und die ganze Unteroffiziersbande.

All das geschah in Sekundenschnelle. Dann rissen sie Cäsar vom Hauptmann weg, der Detektiv peitschte das freche Luder mit dem Riemen, der Hund jaulte auf und erhielt von Ratkovitsch einen heftigen Tritt. Der Detektiv murmelte etwas von kriminellen Fällen und fuchtelte mit seinem Halbzylinder in der Luft – all das sah so unangenehm, zerschlagen, kompromittierend und verloren aus.

»Ich bedaure außerordentlich, Herr Hauptmann, hätten Sie mich nur gleich am Morgen herzitiert... ich bedaure nochmals – ergebenster Diener!«

Er verabschiedete sich, mit seinem Halbzylinder fuchtelnd, und der ekelhafte Kohn stand währenddessen noch immer frech da... die Lampen rauchten, und der Regen rauschte. Und jetzt nach Hause. Die Ausrüstung, die Wäsche, die Gamaschen, der Kognak, dann noch aufs Bataillon zum Nachtmahl. Oh, zum Impfen bin ich auch nicht gekommen, ekelhaft!

Ratkovitsch spuckte aus und machte sich wortlos durch den Regen auf den Weg. Still wie ein Schatten verschwand er in der Dämmerung.

Honved Ratschisch, den Oberstleutnant Wallenstein heute vor der Bataillonspforte geohrfeigt hatte und den sie als Dieb vor der ganzen Kompanie ausgezogen und dann an den Kastanienbaum gehängt hatten, lag oben im ersten Stock auf dem Strohsack eines Mannschaftszimmers. Die Hände waren abgestorben, die Einschnitte von den Stricken brannten... ihm war übel, quälend übel... so quälte er sich lange Zeit und dann trat er seinen Dienst bei der Wache an.

Ratschisch war einer der nervösen Intellektuellen, die am Vorabend der Balkankrise, kein Jahr vor dem Zusammenbruch der Zivilisation, den Kopf verloren hatten. Ihre moralischen Krisen waren die ersten Symptome des grandiosen Sturms, der Europa mit unheilschwangeren Wolken umhüllte. Die Generation des Honveds Ratschisch fand sich in dem großen politischen Wirbel desorientiert, und als es zur allgemeinen Sintflut kam, wurde sie von dem Orkan als Mist mitgeschleppt. Wäre dies alles nicht so ungewöhnlich vor sich gegangen, vielleicht wäre dann aus Ratschisch noch etwas geworden. Aber so schleppte er sich durch alle möglichen Redaktionen, quälte sich schon viele Jahre mit einem Frauenzimmer ab, mit ihrer Schneiderei, mit ihrem Kind, das ihn wie ein Ballast fortwährend in die Tiefe zog, und (er selbst wußte nicht warum, aber es schien ihm so) diese alltägliche, leere Langeweile, die man glückliche Ehe nennt, hatte sich, als Ratschisch zum Militär einrücken mußte, zu einer melancholischen und düsteren Atmosphäre geballt, und als man ihn als Honvedrekruten mobilisierte, erschien dies dem Mann als ein Ausweg.

Es geschah, daß er eben in die 22. Marschkompanie, die unter dem Kommando des Hauptmanns Ratkovitsch stand, eingeteilt wurde.

Der Hauptmann und Ratschisch stammten beide aus der Rosengasse und hatten hier als Kinder miteinander gespielt, Fensterscheiben eingeschlagen und Schokolade aus den Geschäften gestohlen. Mit Ratkovitsch hatte er die Volksschule und das Untergymnasium besucht; dann wuchs sich Ratkovitsch zu einem Infanteriekadetten aus, der sich in Bierhallen und Kaffeehäusern herumtrieb, wogegen Ratschisch, in ein politisches Attentat verwickelt, aus dem Gymnasium flog und ins Gefängnis kam. Als Leutnant hörte Ratkovitsch einige Jahre später, Ratschisch strolche irgendwo in Westeuropa umher.

Während der mazedonischen Siege der serbischen Armee im ersten Balkankrieg kam Ratschisch krank und abgerissen aus Westeuropa zurück, und Ratkovitsch, der aus einer ungarischen Provinzgarnison auf Urlaub zu seiner Mutter gekommen war, besuchte seinen schiffbrüchigen früheren Kameraden aus der Rosengasse.

Im Hintergrund also das mazedonische – sozusagen panslawistische – bengalische Feuerwerk des siegreichen serbischen Krieges, und hier ein eleganter königlich-ungarisch-kroatischer Offizier in Paradeuniform, und ein kranker, deklassierter, anämischer Jüngling, der in Genf zwei Wochen eingesperrt gewesen war, weil er ohne Paß und Visum herumgestrolcht war, und in Mailand wieder drei Wochen, weil sie ihn nach Dokumenten gefragt hatten, und er keine vorweisen konnte. Und schließlich hatte er doch irgendwie erreicht, daß er über Triest nach Hause eskortiert wurde. Das war Europa! Und er deklamierte vom Balkan und von den grandiosen serbischen Siegen, die als politisches Menetekel den Zusammenbruch Österreichs ankündigten...

Der Herr Oberleutnant versuchte, dem armen obdachlosen Strolch, der sich nächtelang in den Wäldern herumtrieb und tagsüber schlief und Verse schrieb, zuzureden, wie sinnlos sein kopfloses Bohemiendasein doch sei. Was war er eigentlich, was wollte er, was sollte aus ihm werden, wovon lebte er? Seine unglückliche Mutter hatte all ihre Karten auf ihn gesetzt, und er hatte ihre Hoffnungen zugrunde gerichtet, seine Mutter weinte ja schon alle Nächte durch, und so gab ein Wort das andere, und das Ende war, daß der blasse Vagabund den Herrn Oberleutnant als frechen Idioten auf die Straße warf. Seit damals hatten Ratschisch und Ratkovitsch kein Wort mehr miteinander geredet, bis es zum Krieg kam, und Ratschisch eines Tages als Honvedrekrut in die Volksschule Rosengasse einrückte, unter das Kommando des feschen Herrn Hauptmanns Ratkovitsch-Jablansky, des legendären Helden, Trägers des Kronenordens, Strategen und Meisters.

Ratkovitsch ignorierte Ratschisch, denn er wußte, daß der ein nationalistischer Journalist war und – pfui! – gegen Bezahlung aus Belgrad schmutzige und charakterlose Dinge geschrieben hatte. Aber seit es Belgrad nicht mehr gab, waren diese Hundeschnauzen still geworden. Jetzt schlichen sie umher wie zertretene Skorpione.

Doch mit Rücksicht auf die erbarmenswürdige Mutter Ratschischs, welche die Frau Mutter des Herrn Hauptmanns um Protektion für ihren unglücklichen einzigen Sohn gebeten hatte, unternahm Ratkovitsch Schritte, auf daß Ratschisch als geschulter Journalist zum Bataillon versetzt werde, um dort nach den Direktiven des Kommandeurs, Oberstleutnant Aloisius von Wallenstein, die ruhmreiche Chronik des Regiments zu schreiben. Oberstleutnant Wallenstein plante nämlich eine Art epischen Dithyrambus, in dem von Heldentum und Ruhm des Regimentes gesungen werden sollte und den man dann, rot gebunden, zugunsten des Roten Kreuzes verkaufen wollte.

Da trat Ratschisch zu Ratkovitsch hin, ohne zu grüßen, und sagte ihm ohne weiteres, er solle hier nichts und niemanden protegieren, ihn selbst am wenigsten.

»Du bist ein Dummkopf, verstanden, misch dich nicht in meine Sachen, das hat keinen Sinn, es hat dich niemand darum gebeten. Ich will an die Front! Und das nach Möglichkeit mit der ersten Marschkompanie!«

Ratkovitsch war von diesem Benehmen dermaßen frappiert, daß er einen Augenblick nicht wußte, was er tun sollte... Was? dachte er, so ein Niemand wagt es, einen wie einen Dienstmann auf der Straße zu beschimpfen, wo man ihm etwas Gutes tun will... außerdem dreht er einem den Rücken, ohne zu grüßen... ein unverschämter Mensch, ein Irrsinniger, jawohl, ein Verrückter!

Und seit damals gab Ratkovitsch Ratschisch keinen Ausgang, sondern zerriß immer wieder seinen Urlaubsschein, und was geschah trotzdem? Ratschisch schlief ohne Erlaubnis in der Stadt und grüßte den Hauptmann ostentativ nie. Und wenn Kohn dem Herrn Hauptmann wieder einmal meldete, daß der Honved Ratschisch die ganze Nacht hindurch bis zur Reveille in der Stadt geblieben sei, knirschte Ratkovitsch mit den Zähnen und wußte nicht, was er mit diesem Falotten anfangen sollte. Sollte er ihn anbinden, sollte er ihn arretieren lassen und in eine Einzelzelle stecken (aber was würde die unglückliche arme Mutter dieses Narren dazu sagen)? All das quälte den Hauptmann, und zum Staunen der ganzen Kompanie schlief Ratschisch trotzdem ruhig weiter in der Stadt. So war die Beziehung zwischen dem Herrn Hauptmann und seinem Honved die ganze Zeit gespannt und verwickelt, und so war es gekommen, daß Ratschisch heute nach diesem Defilee und dem herausfordernden Verhalten des Hauptmanns seine Nerven verloren hatte und aus der konventionellen Form gefallen war, um seinem Schulkameraden zu zeigen, daß doch eigentlich er die Macht in Händen hielt.

Jedesmal, wenn neben ihm Leute geschlagen wurden, zitterte Ratschisch. Die Ohrfeigen hallten, und die Honvedgesichter verwandelten sich in wehmütige Grimassen, und während sich die Unterkiefer wie bei Wiederkäuern in einem Krampf zusammenzogen, blieben die Honveds bewegungslos stehen wie hölzerne Heilige. Warum schlägt der Mensch den anderen? Warum schlägt der geschlagene, geohrfeigte Mensch nicht zurück, oh, wenn nur ein einziger zurückschlagen würde! Ratschisch aber hatte in der Kompaniemasse diszipliniert geschwiegen, und die ganze Zeit über hatte er vor der Ohrfeige wie vor einem unbegreiflichen und unaussprechlichen Grauen gezittert. Heute, als er die Ohrfeige bekommen hatte, war er ruhig geblieben. Er war geohrfeigt worden. Geohrfeigt, und zwar nicht im Kasernenhof, wo einen außer der groben und brutalen Soldateska niemand sah – und was bedeutet schon diesen armen Rekruten eine Ohrfeige? Er wurde mitten auf der Straße geohrfeigt, vor Passanten, Weibern und Kindern, vor dem vollen Straßenbahnwagen, vor der ganzen Straße, vor der ganzen Stadt – und was geschah? Nichts! Er marschierte weiter in der Kompanie und schaute auf die Alleebäume am Wegrand und auf die Häuser, von denen Regen und Wind fast allen Mörtel heruntergewaschen hatten. Ruhig hatte er das alles angeschaut, und beim Trommelwirbel hockte er wie ein Hund da, und indem er sich dem Rhythmus des Kompaniemarsches anpaßte, marschierte er passiv in der Honvedmasse weiter wie eine seelenlose Molluske.

Nicht nur, daß er geohrfeigt wurde – er wurde auch in den Kot geworfen und getreten. Was hätte er dagegen tun sollen? Hätte er mit seinem Gewehr dem Oberstleutnant den Schädel eingeschlagen, wäre er erschossen worden. Und, genau genommen, war das heute nicht die erste Ohrfeige. Hatte ihn nicht auch sein verstorbener Vater geprügelt? Der Vater hatte ihn mit der Hundspeitsche, die von dem krepierten Hund geblieben war, geschlagen, auch die Mutter hatte ihn geohrfeigt. Und der Lehrer in der Rosengasse, und der Katechet, und die Gassenjungen... und später, im sogenannten praktischen Leben, wieviele Niederlagen, Erniedrigungen, die Weiber, die Redaktionen, die blöden Ideen, die Freunde, mein Gott, wieviel Ohrfeigen hatte er in diesem sogenannten Leben bekommen? Wieviel Schande, wieviel Schuld hatte er aufgehäuft!

Was ist überhaupt eine Ohrfeige? Ein Symbol des Lebens, wie es sich schon milliardenmal gezeigt hat und sich immer wieder offenbaren wird. Schon hundertmal ist geschrieben worden (von den Tagen der Bibel bis zu denen der Honveds) und immer wieder wird geschrieben werden, daß sie ihn anspucken, ohrfeigen, demütigen, nackt ausziehen und ans Kreuz schlagen werden.

Und als Ratschisch, als Dieb durchsucht, nackt vor der Kompanie stand, wußte er: es war aufgeschrieben, daß auch er als Dieb nackt ausgezogen werde. Eine fatale Logik flüsterte ihm ein, daß dieses Martyrium kein Ende haben werde, als ihn Feldwebel Videk an der Kastanie hochzog und der Strick immer fester ins Fleisch schnitt. Er träumte, aus seiner Hand flösse Blut, als wäre er angenagelt worden – daher sein Lächeln (als er in Ohnmacht fiel), das von Ratkovitsch als provokante Ironie aufgefaßt wurde, aber keine Ironie war, sondern das krankhafte Lächeln eines Gekreuzigten, das Lächeln über die Dummheit einer sinnlosen Symbolik.

Es ist schon spät in der Nacht, und Ratschisch steht mit umgeschnallten Patronentaschen, Mannlicher-Gewehr und gesenktem Kopf auf Wache. Er kämpft gegen den Schlaf, er vertritt einen Honved, der in der Früh beim Rapport in der Nase gebohrt hat und deshalb die ganze Nacht hätte Wache halten sollen; nun steht Ratschisch hier strafweise.

Parole: Was ist das?

Ratschisch möchte schlafen, aber die teuflische Frage nach der Parole spukt in seinem Kopf. Jeder Honved, der Wache hält, muß unbedingt wissen, was die Parole bedeutet. Sie ist kein gewöhnliches Wort. Der Honved an der Wache ist das Schloß, das mit dem Schlüssel der Parole geöffnet wird, und wie kann man das Schloß öffnen, wenn man den Schlüssel der Parole verloren hat? Budapest? Bajonett? Bayern? Irgend etwas mit B ist es gewesen. Aber was? Parole: Blöder Hund!

Er hat die Parole dem Wachkommandanten wie ein Papagei nachgeplappert, und jetzt weiß er das Losungswort nicht! Wenn jetzt der Kaserneninspektionsoffizier, Oberleutnant Holzer, kommt, wird es Prügel geben, denn Holzer ist ein Schinder. Seit ihm eine Granate die linke Hand zerschmettert und drei Finger weggerissen hat, ist er verwildert, kein Mensch mehr.

Egal. Komme, was da will. Ich werde auch die Parole überleben.

Das Bedürfnis nach Schlaf wurde immer stärker. Um

Ratschisch begann die dunkle Opiumblume des Traumes zu blühen, er biß die Zähne zusammen, um sich vom schweren, venösen Aroma des Schlafes zu befreien, um das Gift der Narkose aus dem Gehirn zu vertreiben, er ging bis zum Zaun und starrte in die leere, dunkle Rosengasse. Das war die ausweglose, dunkle, verdammte Rosengasse, die sich in der Nacht verlor. Durch die Rosengasse bin ich gekommen, dachte er, durch diese Rosengasse werde ich wieder verschwinden. Ich bin ein Kind gewesen und habe geträumt, irgendwohin zu kommen, mit großen Plänen; was ist aus diesen Plänen geworden, wohin bin ich gekommen?

Und das ist meine ehemalige Volksschule in der Rosengasse mit den Kastanienbäumen und demselben Garten, in dem am Peter- und Paulstag grüngedeckte Tische aufgestellt werden mit goldenen, gebundenen Büchern für die Vorzugsschüler. Und dann beginnen die Ferien. Ratschisch ist Vorzugsschüler, er hüpft vor Ferienfreude!

Und wo sind die Ferien jetzt? Wo ist dieser Vorzugsschüler mit seinem neuen weißen Anzug? An den Kastanienbaum hat man ihn gehängt und angespuckt!

Ratschisch hatte ein würgendes Gefühl, als presse sich eine knochige Hand um seine Kehle. Was soll ich mich bejammern? Ich bin doch kein altes Weib, alles Unsinn!

Energisch schritt er den Zaun entlang auf und ab, doch mußte er immer wieder seine Schule anschauen, das große Portal mit der Aufschrift »Knaben«, hinter diesen fünf Fenstern im Erdgeschoß war seine Klasse. Die Landkarten hingen dort und der schwarze Rechenschieber, der Eckschrank war da, die Geometrietafel, die Waschschüssel und das Kruzifix. In der dritten Bank links war sein Platz. Und vor ihm stand Ratkovitsch, ein blonder Bub. Wo war der Lehrer mit seiner dicken Goldkette und dem grauen Sonnenschirm, der etwas asthmatische Herr, hingekommen? Er lag zwei Meter tief unter dem Rasen und hielt ein Holzkreuz in den Händen, vielleicht war nur mehr ein Fetzen der Krawatte und der Salonrock übriggeblieben, und alles andere war Erde geworden? Wo waren die anderen Schüler? Galovitsch, der kleine Galovitsch, war tot. Korenitsch saß in der Irrenanstalt, Puntek war an der Front gefallen – eine Granate hatte ihn zerfetzt, man hatte nur seinen Spiegel gefunden, auch Kamenar war tot. Paul Francetti war Advokat geworden, ein Doktor, ein großer Herr, er fuhr in seiner eigenen Equipage spazieren. Er befaßte sich mit Politik und trieb sich im Parlament herum, Schafskopf! Und die anderen? Sie waren verschwunden, gestorben, hatten sich verloren, und nicht einmal Ratschisch konnte sich an sie erinnern, alles war grau in seiner Erinnerung. An Skomrak erinnerte er sich noch, Franz Skomrak mit der schwarzen Mütze – sein Vater war Bäckergehilfe bei Bratanetz gewesen, zu dem hatte Ratschisch das Brot getragen, und Vater Skomrak in seinem rot-weiß gestreiften Hemd hatte es in den Ofen geschoben. Franz Skomrak war davongelaufen. Er hatte einen Brief geschrieben, berichtete die Ordonnanz dem Hauptmann. Ja, er war Ratkovitschs Diener und hatte Ratschisch erzählt, daß sein Herr ein furchtbares Schwein sei, daß er ihn den ganzen Tag sekkiere, und daß Skomrak das nicht mehr aushalten werde, lieber wolle er an die Front! Und dann hatte er noch etwas vom ärarischem Geld erzählt, das Ratkovitsch unterschlagen hatte. Ratschisch, Ratkovitsch, Skomrak – so war die Reihenfolge in der Schule gewesen. Und heute! Wozu die Klagen? So war das Leben – ein provinzielles Gejammer nach dem Schiffbruch.

Ratschisch wollte im Gehen seine Gedanken vergessen, er konnte es nicht. Er blieb beim Portal für Mädchen stehen und lehnte sich müde an die Wand.

»Mädchen«. Dort, wo sie in die Schule gingen, war das Tor symbolisch abgesperrt. Was hätten auch Mädchen in der Kaserne zu suchen gehabt?

Und hinter der Treppe, zwischen den Glastüren im Mezzanin und dem Eingang, schliefen jetzt die Trompeter, man konnte sie durch das Schlüsselloch schnarchen hören.

Ratschisch preßte sein Ohr an das Schlüsselloch, hörte das Schnarchen der Trompeter und dachte an die Mädchen, die einst durch diese Tür gegangen waren. Zum Fronleichnamstag hatten sie in weißen Kleidern gesungen, alle Buben waren in sie verliebt gewesen. Wo waren die Mädchen heute? Und die Volksschule in der Rosengasse glich einem zerquetschten Bienenkorb, aus dem wie schwarze Küchenschaben Soldaten krochen. Wer hätte gedacht, daß der stille kleine Ratkovitsch, der die Bruchrechnung nie begreifen wollte, mit seinen Stiefeln in diese Schule treten, sie zertrümmern würde, um daraus einen Barbierladen zu bauen?

Und doch war es so gekommen. Die Kompanie schnarcht, das Leben ging weiter. Von den Trommeln geweckt, würde die Kompanie aufstehen, sich vorschriftsmäßig adjustieren, vor Seiner Exzellenz dem Honvedminister-Adlatus defilieren, an die Front abrücken, den Heldentod sterben, und hier im Kasernenhof würden neue Rekruten von neuem die Erde stampfen... eins, zwei, eins, zwei, eins, zwei. Die Köche würden Fett, Fleisch, Bohnen und Erdäpfel fassen, Schnee würde fallen, die Weiber würden den Schweinetrank von der Kompanie abholen, das Leben würde weitergehen, als wäre nichts geschehen. Das war der normale Rhythmus der Dinge.

Und eigentlich, dachte Ratschisch, geschieht etwas Furchtbares. Die Kompanie geht morgen früh an die Front. Die Honveds werden auf die große Trommel hören, die von einem Pony gezogen wird, auf die Flöten, Klarinetten und die kleine Trommel, dann werden sie singen »Kein Zagorianer verkauft seinen Wein!«, und keiner von diesen zum Tode Verurteilten wird daran denken, daß er in den Tod geht.

Und wofür? Für irgendwelche ägyptischen Mumien, für Wiener Grafen. Für Banken. Für Advokaten.

Was würden die Leute auf der Straße tun, wenn ihnen jemand erklärte, was so ein Krieg eigentlich ist, was er zu bedeuten hat, was sein tieferer Sinn ist? Schreien und jammern würden sie, und die Kompanie mit Gewalt hindern, morgen ins Verbrechen zu ziehen.

Aber nichts geschieht. Die Stadt und die zweihundert schuldlos zum Tode Verurteilten schlafen ruhig, als wäre alles normal. Und dabei wird ein großes Unglück geschehen. Es ist einwandfrei klar, daß es zu einer Katastrophe kommen wird. Und doch – nichts. Man müßte die Stadt aufwiegeln, die Leute alarmieren. Auch dazu sind Wachen da. Die Wache müßte die Stadt alarmieren. Die ganze Welt müßte sie aufmerksam machen, was da für ein Unglück im Gange ist.

Und Ratschisch fühlte in sich den unwiderstehlichen Drang, sein Gewehr herunterzureißen und zwei Magazine scharfer Munition zu verschießen (die sie heute schon gefaßt hatten), die Kompanie und die Stadt zu alarmieren. Heute sollte das Schreckliche nicht geschehen, die Leute durften die Kompanie nicht fortziehen lassen.

Es war ein exaltierter Gedankengang: Die Kretins von der Wache würden glauben, ich sei verrückt geworden, die Spießbürger würden ihre Köpfe aus der Decke strecken, im Halbschlaf einen Augenblick dem Nachhall der Schüsse lauschen und sich dann wieder in den Betten vergraben.

»Uns geht es ja gut... unser Bett ist warm... draußen schießen sie... vielleicht hat die Polizei einen Räuber gefaßt...«

Es ist außerdem sinnlos. Der denkende Mensch ist heute allein mit seinen Gedanken... ich bin müde! Ich muß mich bewegen, ich darf an nichts denken... Am besten wäre, ich könnte schlafen.

Ratschisch ging wie eine richtige Wache vor der Schule auf und ab und brach vor Müdigkeit fast zusammen. Die Knie schlotterten ihm, und im Gehirn fühlte er eine eigenartige Leere – so, als ginge er kopflos durch die Welt.

Dann hörte er jemanden am Ende der dunklen Straße singen: »Ich gehe durch das Dorf, das jubelt mir dann zu«, in schauerlichem Diskant, mit Zagorianer Akzent. Der Kerl schluckte förmlich die Verse, während er zwischen Gehsteigrand und Hausmauern in wellenartigen Schleifen dahertorkelte.

So trieb es ihn bis zum Kasernenzaun, aber dort zuckte er instinktiv zusammen – er fühlte ein fremdes Tier in der Dunkelheit. Entsetzt wich er drei Schritte zurück.

Dann erkannte er die Kaserne und die Wache und lachte über sich selbst. Es war der ehemalige Briefträger. Er war ohne Mantel, und sein zerfetztes Hemd sah nach einer Rauferei aus. Er stank widerlich nach Wein.

»Ach du, Soldat Gottes! Wa-che... Und ich bin vor der Wache erschrocken, hahaha, guten Abend, Wache! Was stehst du da wie Holz? Gib mir die Hand... glaubst du, ich bin nicht auf Wache gewesen, ich war auch auf Wache, zum Teufel, und ich habe sie alle zum Teufel geschickt!«

Und so reichten sich der betrunkene Briefträger i.R. und Ratschisch über den Zaun hinweg kollegial die Hand, wie zwei Schiffbrüchige.

»Servus, kleine Wache, warst du schon an der Front?«

»Nein, morgen gehen wir.«

»Ach, noch nicht an der Front? Also eine sogenannte Jungfrau, ich war schon dort, und wie! Schön war's, viel schöner als hier. Dort hat man müssen, ob man wollte oder nicht... Auch die Lunge haben sie mir dort gefressen, aber man mußte. Da gibt's nichts, da wird gekuscht. Aber draußen habe ich mich angefressen, wenn ich wollte. Hier habe ich Hunger, siebzehn Kronen bekomme ich und kann nichts essen. Na, jetzt ist dieser gelbe Kandiszucker in

Mode gekommen, da könnte ich mir die Lunge ausschmieren, ich kann ihn mir aber nicht leisten. Haha, nicht einmal einen Anzug hab' ich. Hunger! Habe gar nichts, nur die kleine silberne Tapferkeitsmedaille. Das ist alles. Viel ist es nicht, ich kann sie nicht einmal anstecken...«

Und dann bat der Briefträger Ratschisch – schau, ein Frontkamerad! – um ein Stück Brot.

Ratschisch nahm ein Stück Kommißbrot aus dem Brotbeutel, und der Betrunkene begann diesen Bissen gierig hinunterzuschlingen und das Militär und den Staat und den Krieg zu beschimpfen. »Zum Teufel mit den Soldaten und den feinen Pinkeln. Sie sagen, nach dem Krieg wird es besser, ja, einen Dreck...!«

Dann zog der Briefträger weiter, und man hörte ihn noch lange Zeit husten und singen:

Und ich geh durch das Dorf,
Und das Dorf schreit mich an,
Und ich frage das Dorf:
Was gehst du mich an,
Was geh ich dich an...

Lange hörte Ratschisch dem besoffen und hungrig dahingrölenden Invaliden zu. Alles kam ihm unsagbar blöd vor. Die Aborte stinken, dachte er, es wird Frühling, und die Lokomotiven am Bahnhof schreien. Kanzleien, Volksschulen, Spitäler, Kasernen, Städte, Probleme, Sterne – alles schamloser Unsinn! Die Erkenntnis dieser Dummheit manifestiert sich in einem traurigen Symbol: der Menschensohn, den die Menschen ans Kreuz geschlagen haben. Ein Phantom unter Phantomen. Alles krank und menschenunwürdig. Die Erkenntnis dieser universellen Dummheit kommt, sobald man den Leuten erklärt, was eigentlich Leben heißt. Was es heißt, angespuckt zu hängen oder anspucken und hängen. Passiv und aktiv. Das ist alles, mehr spürt man nicht. Die einzige Weisheit ist der Unterschied zwischen Passiv und Aktiv. Ich bin passiv, darüber gibt es keinen Zweifel. Das ist meine Weisheit. Mein Plus und mein Minus. Ich bin passiv und werde auch so zugrunde gehen. Ratkovitsch zum Beispiel war immer ein Dummkopf und wollte so etwas nie begreifen. Beim Soldatenspielen wollte er immer General sein, einen grünen Federbusch hatte er am Tschako. Den hatte ihm seine Mutter gemacht, und so war er General. Und dabei war er damals genau so ein Nichts wie er heute ein Nichts ist. Ein Tschako aus Zeitungspapier und nicht mehr. Damals wie heute. Und außerdem: der Teufel soll ihn holen, samt Österreich, der Front, mir und uns allen!

Jemand kam mit einer Laterne aus der Turnhalle zur Kaserne. Die Laterne schaukelte, die gelben Strahlen schwankten über die Kastanien und den Kot und erloschen. Inspektionsoberleutnant Holzer war doch wach? Wenn er nach der Parole fragte, wie lautete nur die Parole, Bajonett, Buda, Blödian, Bosna, Bora!?

Stille.

Die Nacht dauert, alles dauert wie diese dunkle Nacht, und alles lebt im Dunkel, ruhelos.

Durch das Gitter des Kellerfensters hört man etwas wie einen Fall.

Vielleicht sind das die Ratten.

Nein, das ist Korporal Jurkovitsch unten auf den Kohlen! Er hat Skomrak verloren und ist schuld, daß am Abort die Lampe zerbrochen ist.

»Jurkovitsch – du?« fragte Ratschisch durch das schwarze Loch hinunter in den Keller, aber die Stimme verlor sich im Dunkel wie in einem Brunnen.

Ratschisch ging wieder auf und ab, von der Ecke bis zur Mauer. Lehnte sich dann an eine andere Ecke der Schule und schaute auf die große Fichte – wie die Strahlen der

Gaslaterne auf sie fielen und die weichen Schatten sich zur leisen Musik des Windes an der nackten Wand ausbreiteten. Taubstummes und blindes Geäst in taubstummer und blinder Nacht.

Es knarrte die Kellertür an der Hofseite und winselte lange. Da ließ die Schuldienersgattin den Feldwebel Videk hinaus. Eine eigenartige Frau, diese Kantineurin. Häßlich, mit einem dicken Kopf voller Pickel, und doch... Man wußte ja nie bei einer Frau...

Nie!

Es mußte schon spät sein.

In der Stadt schlug es die halbe Stunde. Einmal. Noch einmal. War es eins oder schon halb zwei?

Am Kreuzweg, wo sich zwei Straßen senkrecht schnitten, fuhr ein schwarzer Wagen ohne Kutscher vorüber... rechts in die Kulissen.

Die Wolken zogen über den Himmel, und auch die Zeit zog weiter, die Schatten bewegten sich, nur die Wache stand da und kämpfte gegen den Schlaf. Wind in den Fichten, Tropfen in den Ästen, Tauben.

Da, plötzlich hinter der Ecke schwarze Gestalten. Helme, Bajonette, Ketten. Sie kommen auf die Kaserne zu. Es war etwas geschehen!

»Halt, wer da?«

»Patrouille der Militärpolizei, wir bringen den Honved Skomrak.«

»Kommandant der Wache!« schrie Ratschisch aus vollem Halse, »Kommandant der Wache!«

Die massive Eingangstür für Knaben knarrte, ein Licht flammte auf, der Wachkommandant kam, und die bewaffnete Meute verschwand mit dem Verhafteten in der Schule.

Skomrak!... Der Arme hat Pech. Warum schreit er denn so? Oberleutnant Holzer schlägt ihn wahrscheinlich. Jetzt wird sicherlich das Protokoll mit ihm aufgenommen. Die Herren Scharfrichter biegen den Mann zurecht.

Die Patrouille der Militärpolizei war weg, man hörte noch lange das Lachen der Kerle. Vielleicht freuten sie sich, daß sie diesen Galgenvogel erwischt hatten.

Dann war der Spuk vorüber. Man hörte, wie Skomrak in den Keller geführt wurde, sah die Laterne durch die Gitter leuchten, und alles war wieder ruhig.

Wieder zogen Wolken auf, die Sterne verschwanden, es begann zu regnen. Der Ruf eines Vogels in dunkler Höhe, wahrscheinlich die Kraniche, die nach Norden zogen. Irgendwo schlug es halb.

Ich muß mich um eine ganze Stunde geirrt haben! dachte Ratschisch. Vielleicht war es erst halb zwei. Man verliert sich so leicht in der Nacht...

Ratschisch gähnte und begann wieder mit seinem Gang von der Fichte bis zum Zaun. Auf und ab.

Ratkovitsch hatte zu lange mit dem Packen seiner Toilettesachen, Pflaster, Wäschestücke und Bürsten getrödelt, außerdem war er auch noch durch die Tränen seiner Mutter, der edlen Kreisrichterswitwe Jablanski, aufgehalten worden und so langte er erst in letzter Minute beim Bataillon an.

Im mittleren, größten Saal war eine große Tafel in Hufeisenform für vierundzwanzig Personen gedeckt, in der Bataillonsbibliothek eine für die Subalternoffiziere. Es gab Blumen und Silber. An der linken Seite Seiner Exzellenz Baron Illyeshazy de Also Rekettye saß der Herr Generalmajor Svetosar Matisch, Henker und Dummkopf, ehemaliger Linienoffizier beim k. u. k. 79 IR Graf Jellačić.

Zu dessen linker Seite saß der Herr Feldmarschalleutnant, Oberstleutnant Wallenstein, dann der Baron Leviczky Lendvay Gyula, Dragonerrittmeister a. D., Flügeladjutant seiner Exzellenz des Adlatus. Er war als aktiver Leutnant im Sechsundsechzigerjahr bei Custozza in der historisch berühmten Attacke unter dem seligen Feldzeugmeister Bechtolsheimb dabeigewesen. Der wieder war später der berühmte Korpskommandant in Agram.

Symmetrisch auf der rechten Seite saßen Generalstabsmajor Büdöskuty, Chef der Divisions-Operationsabteilung, ferner von Trotl, Adjutant Büdöskutys, gewöhnlicher Truppenoffizier, Absolvent der Wiener Militärschule und dem Stab zugeteilt. Und so klirrten um dieses Hufeisen achtundvierzig Sporen der ungarisch-kroatischen Honvedgarnison, und tatsächlich: hier war die Elite par exellence, die Crême einer kleinen ungarisch-kroatischen Provinzgarnison, unter allen ruhmreichen die ruhmreichste.

An diesem Hufeisen saß auch Herr Hauptmann Ratkovitsch-Jablanski. Seine Exzellenz hielt den Toast zur Ehre der königlich-ungarisch-kroatischen 22. Marschkompanie des glänzenden und siegreichen Regiments, die unter der Führung des edlen Hauptmanns von Ratkovitsch morgen an die Front abreisen sollte, um dort ihr Blut für Seine Majestät den König zu vergießen. Ratkovitsch erhob sein Glas und trank auf Seine Hoheit, den Adlatus und ruhmreichen Sieger in den Karpaten – hurra, hurra! – und so wurde angestoßen und getrunken und über die Leitartikel des »Pester Lloyd« und der »Neuen Freien Presse« gesprochen, worin die Frage aufgeworfen worden war, ob es in Frankreich zu einer Revolution kommen könnte, während draußen im Vorzimmer eine kleine Streichmusik die himmlischen Akkorde des Walzertraums spielte: »Leise, ganz leise zieht's durch den Raum...«

Ungefähr um halb elf stand die Generalität auf und bestieg die vor der Kaserne wartenden Autos, und Ratkovitsch begann traditionsgemäß mit den Kadetten und Leutnants auf den morgigen Tag zu trinken.

Einige Minuten vor halb zwei verabschiedete er sich,

um noch ein wenig zu schlafen – er war die ganze letzte Nacht bei Frau Kitty gewesen, erst gegen fünf Uhr war er eingeschlafen, und dabei war morgen ein anstrengender Tag! Sein Kopf schmerzte, und er ging mit offenem Pelz. Der Februarwind tat ihm gut, der Wind, der nach Schnee roch und auf den Laternenscheiben zitterte.

Sein Schädel brummte, der Herr Hauptmann hatte noch keine Lust, sich niederzulegen. Er würde sich von einer Seite auf die andere wälzen – er sollte wirklich besser einige Minuten spazierengehen. Morgen fuhr er also wieder. Im Waggon ging es ja noch. Er würde den Waggon sofort an die Lokomotive anschließen lassen und sich wärmen. Er würde sich bequem ausstrecken und mit dem Plaid zudecken. Er würde nicht von einem Fuß auf den anderen steigen wie die Honveds in den Viehwagen (6 Pferde, 36 Mann). Die Ordonnanz würde ihm Tee kochen und das Plaid zurechtrücken, wenn es zufällig irgendwo heruntergerutscht sein sollte. Ja, er würde Schokolade knabbern und fünf, sechs Tage ausspannen.

Aber draußen dann, im dicken Schnee! Dieser verdammte Dreck in Galizien! Die Läuse, der rauchige Gestank, die Langeweile, Kot, Kognak, Karten, Kerzen...!

Ratkovitsch wurde übel beim Gedanken an die galizische Wirklichkeit, den Dreck, die nassen Nächte, das Wachen im Schützengraben...

Man könnte doch angenehmer leben. Zum Beispiel: das Feuer knistert im Kamin, es ist behaglich eingeheizt, auf dem Tisch steht eine blaue Vase mit Mimosen, Silber, ein gutes Nachtmahl... und auch eine Frau ist da. Eine reiche junge Frau, zweihundert Joch Grundbesitz, nicht mehr, das wär genug, dann könnte man dieses verdammte Leben aufgeben, den Säbel, die Uniform, die Front, alles.

Als Ratkovitsch so von einem eventuellen Familienglück träumte, von dem Stubenglück, das sich doch irgendwo und irgendwann vielleicht ergeben würde, fiel ihm Frau

Kitty ein: Wie wäre es, wenn er zu ihr ginge, wenn er ihr sagte, wie bedrückt er sei, so, als ahne er etwas Schlimmes voraus? Vielleicht war sie noch wach, noch war nichts verloren, er konnte sich morgen ja marod melden...

Und er wußte nicht wie, plötzlich stand er vor Kittys Fenster. Die Allee... die leere Straße... die leere Kastanienallee... und in Kittys Schlafzimmer brannte Licht. Das bläuliche Licht...

Sein kleines Mädchen, sein süßes Herzchen, sein goldenes Baby konnte nicht schlafen. Es mühte sich doch, das liebend Herz, mit dem Gedanken, daß er morgen an die Front zog; sein armes, liebes Mädel, Gott weiß, was geschehen kann, heute rot morgen tot, sein liebes Kätzchen... Er bückte sich schon nach einem Stein, um sich bei seiner lieben Kitty anzumelden, das Blut stieg ihm zu Kopf und verwirrte die Gedanken an alle möglichen Freuden, die ihn oben im Schlafzimmer erwarteten, als an der Tür das Klicken des Schlosses klang. Scharf und laut.

Da kommt jemand, er könnte mich sehen...!

Ratkovitsch duckte sich in den Schatten des Kastanienbaums. Eine schwarze Gestalt in Pelerine kam aus dem Haus, pfiff irgendein italienisches Lied, man sah das Glühen der Zigarette, eine Rittermaske mit Pelerine... la donna è mobile...

Oho! Der Herr Korvettenkapitän von Ketschmarek, der Flieger!

Am Ende... Das Leben ist eine dreckige Straße. Und Hauptmann Ratkovitsch purzelte aus seiner heiteren Laune jählings in einen zynischen Sumpf, in dem die leeren Seelen verfaulten. Er nahm eine Zigarette aus der Dose, zündete sie an und knöpfte seinen Pelz zu. Es war kalt, und er hatte Lust auszuspucken.

Schwerfällig und müde machte er sich auf den Weg. Seine Sporen klirrten hinter ihm wie die Glöckchen der Ministranten, die die Sterbesakramente tragen. Sein liebes einziges Käthchen hatte ihrem Mann und ihm Hörner aufgesetzt. Aber auch der Korvettenkapitän wird Hörner bekommen, sagte er sich, denn das Leben ist nichts anderes als ein Kampf um die Existenz. Das hat schon Darwin entdeckt.

Durch die öde Rosengasse kehrte er zur Kaserne zurück, um zu sehen, was sein Kaserneninspektionsoffizier machte, ob er, so wie es Vorschrift war, wachte. Beim Inspektionsoffizier im ersten Stock brannte Licht. Oho, mein Herr Kaserneninspektionsoffizier schläft nicht, etwas ist los, ich muß nachschauen.

Der Honved Ratschisch hielt seinen Kommandanten nicht auf. Er erkannte Ratkovitsch an seinem Gang, es schien ihm unsinnig, einen Menschen anzuhalten, mit dem man sich schon zwanzig Jahre lang geplagt hat.

»Wache, bist du verrückt, zum Teufel? Siehst du mich denn nicht?«

»Ich bin die Wache!«

Ratschisch trat aus dem Schatten vor den Hauptmann.

Ratkovitsch erkannte ihn, sah ihn einen Augenblick wortlos an, zuckte dann zusammen und ging wortlos in die Schule. Diesen Hund müßte man auf der Stelle erschießen, dachte er, und er hatte auch den unwiderruflichen Entschluß gefaßt, dies zu tun, sobald sie an der Front waren.

Holzer sprang, als er das Sporenklirren hörte, verwirrt auf und meldete sich vorschriftsmäßig.

»Servus, lieber Holzer. Guten Morgen, mein Lieber, entschuldige, daß ich dich störe«, begann der Hauptmann. Er tat so, als müsse er sich förmlich für sein heiliges Recht entschuldigen, in die Kaserne zu kommen, wann und wie es ihm beliebte... »Pardon, aber ich komme gerade aus der Menage. Dort war der Adlatus, wir haben noch ein wenig getrunken – und jetzt habe ich hier noch Licht gesehen. Was gibt es Neues?«

»Den Moment schließe ich die Augen, ich wache ja die zweite Nacht. Die Kompanie ist in Ordnung, auch die Wache habe ich inspiziert. Den Bericht da habe ich vor einer halben Stunde geschrieben.«

Holzer gab dem Hauptmann den Bericht über die Verhaftung des Honveds Skomrak, fein säuberlich auf einen großen Bogen Papier geschrieben. Alle Truppenkörper, die Untergruppen und Gruppen waren mit dem Lineal unterstrichen, in Abständen von dreieinhalb mal fünfeinhalb Zentimeter, wie das in jeder Militärstilistik vorgeschrieben ist, die die Offiziere auswendig lernen. Dort stand im trockenen Beamtenton, wie die Patrouille der Militärpolizei diese Nacht, ein Uhr siebenunddreißig, den Honved des Teufelsregimentes und der 22. Marschkompanie Franz Skomrak arretiert hatte. Man hatte ihn bei einer Kupplerin mit besoffenen Prostituierten in einer Küche gefunden. Da er keine vorschriftsmäßigen Papiere bei sich hatte, wurde er verhaftet und gemäß dem neuesten Erlaß des k. u. k. Platzkommandos seiner Truppeneinheit überstellt. Dann folgte das hier beim Kaserneninspektionsoffizier aufgenommene Protokoll und eine Liste der Gegenstände, die man bei dem verhafteten Honved gefunden hatte: 114 (in Worten einhundertundvierzehn) Kronen, 17 Heller, ein offenes Päckchen bosnisch-herzegowiner Tabaks, mittelfein, zwei Packungen Zigarettenpapier »Otoman«, eine Schachtel Streichhölzer, ein Messer, siehe Beilage eins.

Ratkovitsch vertiefte sich in den Rapport und freute sich, daß er so ordentlich abgefaßt war. So ein ordentlicher Akt kam einem in der Zeit, da Zivilisten den Dienst versahen, nur selten in die Hand. Ratkovitsch nickte jedesmal zufrieden, wenn ein neuer Absatz vorschriftsmäßig vier Zentimeter vom linken Rand begann, und nicht so schlampig wie bei den Zivilisten, der Teufel soll sie holen! Nicht einmal eine Meldung können diese verfluchten Zivilisten schreiben und wollen den Krieg führen wie wir!

»Sehr gut, Holzer, sehr gut...«

Nach einiger Zeit, als er sich von der Begeisterung über den vollkommenen Militärstil erholt hatte, wurde Hauptmann Ratkovitsch klar, daß dieses Aktenstück nicht ganz so alltäglich und auch nicht allzu vollkommen konzipiert war. Diese Meldung ging ihn persönlich an. Sie besagte, beim lieben Herrgott, daß dieser verdammte Hund gefangen war. Dieser Verbrecher, dieser Dieb, dieses Schwein war arretiert und saß unten im Keller.

»Und wo ist das Schwein?«

»Im Keller, Herr Hauptmann.«

»Herauf mit ihm!«

Während Holzer hinunter ging, rannte Ratkovitsch aufgeregt im Zimmer auf und ab. Dann ging er zum Tisch und öffnete Beilage eins. Ein rot-weiß-grünes Taschentuch, wie es die Marschkompanien beim Abtransport faßten, mit der Aufschrift Vörösmarty's »Hazádnak rendületlenül légy híve, o Magyar –« (O Ungar, sei Deinem Vaterland unerschütterlich treu), darin eingewickelt eine Schachtel istrische Zündhölzer mit dem Bild der heiligen slawischen Apostel Cyrill und Metod, die mit den roten Weinflecken traurig aussahen. Weiters fand sich in diesem rot-weiß-grünen Schneuztuch eine Zigarettenspitze in Gestalt einer geschnitzten nackten Fee, ein Hundertkronenschein und Kleingeld.

Ratkovitsch nahm den Hundertkronenschein in seine Hand, betastete und »erkannte« ihn. In diesem Moment, da er diesen verfluchten blaugrünen Hundertkronenschein wirklich erkannte, schoß ihm das Blut in den Kopf, und er wurde wütend. Er erinnerte sich an die heutige Szene in der Kanzlei und biß die Zähne so zusammen, daß ihm die Kinnbacken schwollen: In diesem Rapport Holzers, dachte er, steht nicht ein Wort davon, und dabei ist es das Wichtigste! Kein Wort, eine unerhörte Indolenz! Die Leute schlafen die ganze Zeit im Dienst. Sie kümmern sich überhaupt nicht um den Dienst, für sie ist es das wichtigste, daß man als Kaserneninspektionsoffizier die ganze Nacht schnarcht!

»Hör mal, Holzer, du hast über das Wichtigste kein Wort geschrieben!«

»Worüber, Herr Hauptmann?« fragte Holzer verwundert.

»Worüber?! Mensch Gottes, lebst du auf dem Mond? Weißt du denn nicht, daß dieser Skomrak in meine Lade eingebrochen und zwei Hunderter gestohlen hat? Bitte, hier ist einer davon!«

»Zwei Hunderter... Skomrak... gestohlen?«

Holzer wußte tatsächlich von nichts. Am Morgen war er nicht in der Kaserne gewesen, am Nachmittag, als der Detektiv mit Cäsar die Untersuchung geleitet und den Herrn Hauptmann als den Dieb entdeckt hatte, hatte er geschlafen.

»Jawohl, was schaust du mich an, natürlich! Er hat einen Brief geschrieben, daß er mich erschießen wird. Jawohl, du bist hier mein einziger Kamerad und mein einziger aktiver Offizier und hast keine Ahnung davon, das ist eine Indolenz, auch die Meldung hier ist schlampig zusammengestellt, du hast weder die Zigarettenspitze, die Zündhölzer, noch die Sache mit dem Geld angeführt...«

»Ich dachte...«

»Da ist nichts zu denken, die Sache ist einfach! Zählen und anführen... So ist das vorgeschrieben, nicht mehr! Na also, du hast es einfach schlampig gemacht. Hast du ihm die Schnürriemen aus den Schuhen nehmen lassen?«

»Nein.«

»Siehst du, das ist besonders wichtig. Sogar im Dienstreglement steht geschrieben: Der Riemen und die Schnürbänder haben entfernt zu werden. Das Schwein kann sich noch aufhängen. Und das ist im Dienstreglement besonders betont, nicht wahr?«

Aber das Schwein hatte sich unterdessen noch nicht aufgehängt.

Franz Skomrak wurde von zwei Honveds mit aufgepflanztem Bajonett hereingeführt. Er war mit Ketten gefesselt und sah in der Gasbeleuchtung wie eine Leiche aus. Zerdrückt, durchnäßt, voll Kohlendreck, noch immer betrunken. Sein Blick irrte zu den blanken Bajonetten hinüber.

Es entstand eine Pause.

Hauptmann Ratkovitsch erlebte in diesem Augenblick noch einmal den heutigen Tag. Alles der Reihe nach, plastisch: Kohns höhnisches Lächeln in der Rasierstube, als er den Brief überreicht hatte. Er, Ratkovitsch, war in diesem Brief ein Dieb genannt worden, und Cäsar hatte ihn noch dazu wie einen Dieb angesprungen. Vor der ganzen Kompanie war er beschmutzt und erniedrigt dagestanden, doch jetzt hatte er den wirklichen Dieb in der Hand, auf Gnade und Ungnade! Und der war noch dazu einer von denen, die ihm Briefe schrieben, diese scheußlichen Briefe! Von diesen Erinnerungen getroffen, sprang Ratkovitsch wie eine Wildkatze auf den gefesselten Soldaten zu.

»Da bist du, verdammtes Schwein!«

In diesem Moment stieg sein Zorn noch höher.

Ratkovitsch schlug mit geballter Faust an Skomraks Kopf, und da er sich an dessen schwarzer Mähne beschmutzte, wurde er noch wütender. Er suchte in seinen Manteltaschen hysterisch nach Handschuhen, um sich von diesem dreckigen Hund zu isolieren.

»Soll ich mich mit dir Sau dreckig machen? Warte, bis ich die Handschuhe angezogen habe! Du bist ein feiner Herr, der mir droht, daß er mich erschießen wird, nicht wahr?«

Und so, mit angezogenen Handschuhen, ohrfeigte er

Skomrak, immer schneller, immer tobsüchtiger: links, rechts, links, rechts.

»Was nützen hier Ohrfeigen, die Peitsche, Holzer, schnell, die Hundspeitsche. Das ist kein Mensch, das ist ein Hund!«

»Ich habe keine Peitsche, Herr Hauptmann.«

»Dann geben Sie mir einen Stock, haben Sie gehört! Herrgott noch einmal, einen Stock!«

Der Wachkommandant rannte hinaus, Holzer ihm nach.

Skomrak, gebunden, warf sich vor dem Hauptmann auf die Knie. Nicht aus Reue, sondern um sich zu schützen, um die Schnauze in die Bodenbretter zu bohren. Er begann wie ein Zigeuner zu wimmern.

»Au weh, ich bin unschuldig, ich bin...«

»Du bist nicht schuld, jawohl, weil du nicht schuldig bist, aufstehen, habtacht, Schwein, aufstehen, hörst du?!«

Der Hauptmann trat Skomrak mit den Stiefeln und traf ihn mit den Sporen, um den Mann in Habtachtstellung zu bringen, aber der hatte sich wie eine Schildkröte auf dem Boden verkrampft und ließ sich nicht zur Habtachtstellung zwingen.

»Ich bin unschuldig!«

»Ach so! Unschuldig? Du wagst es, mir ins Gesicht zu lügen, Gauner? Wie einen Hund müßte man dich erschießen, weißt du, daß man dich erschießen wird? Was bist du für ein Mensch, wollte ich dich nicht retten? Und was ist der Dank, was? He, Schwein, Mistvieh, habtacht, aufstehen! Stellen Sie ihn auf!«

Die Honveds zerrten den gefesselten Skomrak hoch, und Ratkovitsch hieb ihn wie ein Boxer mit der Faust unter die Nase und schlug ihm damit die Lippen blutig.

»Was, du willst nicht strammstehen?«

Skomrak blutete bereits, als Holzer zurückkam und meldete, daß man keinen Stock gefunden habe.

»So, jetzt gibt es nicht einmal mehr einen Stock?! Was machen dem Gauner denn zwei Ohrfeigen, die Haut müßte man ihm abziehen, skalpieren müßte man ihn!«

Routiniert zückte der Hauptmann den Säbel. Die Honveds können mit dem blanken Säbel wie mit einem Stock geschlagen werden, wenn man sie geschickt und routiniert schlägt. Der blanke Nickel klirrte schrill; als Skomrak die scharf geschliffene Klinge blitzen sah, begann er zu schreien; durch das hysterische Geschrei noch zorniger, begann der Hauptmann das gefesselte Tier immer heftiger zu schlagen. Sei es, daß sich der elende Skomrak ungeschickt bewegt hatte, um sich zu decken, sei es, daß der Hauptmann, von Champagner und Wut erhitzt, einen Hieb verfehlte, jedenfalls platzte plötzlich die Haut an Skomraks Schädel, und ein Blutstrahl schoß in sein Gesicht. Mit übermenschlicher Kraft und unter der Wirkung des reichlich genossenen Schnapses riß sich Skomrak von der Wache los und wollte sich aus dem Fenster werfen, als im selben Augenblick Honved Ratschisch auf der Schwelle erschien.

Ratschisch hatte draußen alles gehört, und vor dem Fenster klang das nach einer regelrechten Metzgerei. Er konnte sich nicht mehr beherrschen und rannte hinauf in das Kompanieinspektionsoffizierszimmer.

Müde und erschöpft vom anstrengenden Tag und der durchwachten Nacht, schwebte er mehr, als daß er ging, deshalb fiel auch alles Folgende etwas lyrisch aus.

»Georg, wie den lieben Herrgott bitte ich dich... es ist nicht gut, was du da treibst...«

Ratschisch wußte nicht, was er weiter sagen sollte, er warf sich dem Hauptmann zu Füßen, das Gewehr rutschte von seiner Schulter und fiel dumpf zu Boden wie ein dunkler Akkord. Skomrak hielt erschrocken still.

Ratschisch, Ratkovitsch, Skomrak, so wurden sie alphabetisch in demselben Zimmer, in derselben Klasse, in derselben Schule in der Rosengasse geführt, und so standen sie jetzt in demselben Schulzimmer. Das war die einzige Tatsache, die man begreifen konnte.

»Ich bitte dich, bei Gott... das ist nicht gut...«

»Was, was denn?«

Herr Hauptmann Ratkovitsch war durch diese unerwartete Samariterszene völlig verwirrt, er stand mit dem blanken, blutigen Säbel wie eine Wachsfigur da; irgendwo im Innern sagte ihm etwas, daß es gut sei, wie es gekommen war. Der Teufel schläft nicht... wenn ich ihn erschlagen hätte, hätte ich irgendeine Erklärung schreiben müssen, und das ist auch unangenehm. Schließlich ist der Hund nicht so wichtig, und das Ministerium mag solche Mannschaftsskandale nicht.

»Was wollen Sie hier?« fragte er in gehobenem Ton.

»Bitte, laß das und komm auf eine Minute hinaus. Nur auf eine Minute...«

Ratschisch wußte nicht, was geschehen sollte, und warum er Ratkovitsch überhaupt in den Arm fallen wollte. Aber er wollte diese Sache etwas hinauszögern, wenigstens eine Minute... aber da gab Ratkovitsch wider Erwarten nach, und zum Erstaunen von Holzer und allen anderen ging er mit Ratschisch auf den Gang.

Sie gingen wortlos zum Tor, in den Garten und blieben dort am Zaun stehen. Alles schien jetzt menschlich, und Ratschisch dachte, er könne die Sache dem betrunkenen Esel da in ein, zwei Worten erklären.

Sie hatten doch immerhin zwanzig Jahre nebeneinander gelebt. Und der vor ihm war blind und kannte das Leben nicht. Er war nur ein kleiner Kadett und exerzierte schon zehn, zwölf Jahre mit Rekruten. Für ihn existierten nur Kompanien und Isohypsen, für ihn war alles nur totes Material! Man mußte darunter sein Herz ausgraben, seine menschliche Würde. Er lebte ein armseliges Leben. Kolonne links, Kolonne rechts, Mobilisierung,

Demobilisierung, Krieg! Was hatte er denn von seinem Leben?!

So suchte Ratschisch das richtige Wort, und es dauerte lang. Es regnete, und Ratschisch konnte sich nicht zurechtfinden.

Dem Hauptmann wieder kam das dumm vor. Was stand er da mit dem exaltierten Narren im Regen, was wollte der denn überhaupt?

»Honved Ratschisch, was wünschen Sie von mir?«

Diese Stimme, diese furchtbare, brutale Hauptmannsstimme! Sie, was wollen Sie, nur etwas Herz! Diese Stimme!

»Georg, um Himmels willen – bist du ein Mensch? Begreifst du nicht, daß uns allen ein furchtbares Unglück geschieht, Georg? Das ist der Untergang der Zivilisation, verstehst du das nicht? Hier sind wir in die Volksschule gegangen, durch dasselbe Portal für Knaben, du, ich und dieser dritte Bub dort in Ketten. Das ist Skomrak. Er war auch ein Kind. Er ist ein Mensch. Wir sind doch zusammen Kinder gewesen. Warum sollen wir jetzt Scharfrichter gegeneinander sein, Georg? Scharfrichter! Du hast mich heute morgen erniedrigt, angespuckt und an den Baum binden lassen, und ich bin nicht böse auf dich. Ich habe dir alles verziehen. Du tust mir leid. Wir sind alle unglücklich. Verzeih auch du...!«

Wie, dachte der Hauptmann, was für einen Blödsinn deklamiert er mir da vor, er will mir etwas verzeihen? Er ist doch allein schuld, nicht ich, warum ist er ohne Erlaubnis die ganze Nacht ausgeblieben, warum hat er sich beim Rapport nicht anständig benommen? Warum salutiert er nicht beim Defilee? Und jetzt phantasiert er, er wolle mir verzeihen...!

Ratschisch wollte noch etwas sagen, aber er merkte, wie hoffnungslos es war, merkte, daß er in vollkommenes Dunkel sprach. Er war zu müde. Er konnte sich nicht einmal mehr aufrecht halten. Es war, als wäre in ihm eine funkelnde Rakete explodiert, als fiele sie langsam nieder und erlösche. Alles wurde ihm gleichgültig.

Was soll ich schließlich erklären? fragte er sich. Jeder lebt sein Leben, was geht das mich an, bin ich denn ein Prediger in der Wüste?

Aber der Elan des Anfangs zwang ihn, weiterzusprechen. Er mußte doch erklären, warum er Ratkovitsch angesprochen hatte.

Und er redete und erklärte das und jenes. So und so. Schließlich – auch mich jagen sie. Wir alle werden gejagt, und deshalb sollten wir zusammenhalten. Wir sind alle verloren, haben alle gefehlt. Wir sind zwischen zwei Mühlsteinen zerrieben worden. Dich jagen sie genauso wie mich. Der einzige, lächerliche Unterschied ist der, daß du goldene Tressen und Sporen hast! Wir werden alle schlecht bezahlt. Das sind doch nicht unsere Interessen. Die Gesellschaft, die Banken, das Kapital... so ist das... der Tod. Wir alle können schon in ein paar Tagen tot sein. Müssen wir da Blut an unseren Händen haben? Skomrak, du und ich – wir werden alle von Würmern gefressen werden. Es wäre doch wichtig, daß wir leben können, wie wir wollen...

Phrasen, leere Phrasen – das ist alles, was ich daherrede. Ich bin müde. Ich habe Kopfweh. Und der da schaut mich an und versteht kein Wort.

– Was will der Trottel da? Redet von Versöhnung. Das ist eine Art Sozialismus. Was denn? Wie kann ich mich mit Kitty versöhnen, wo sie mich doch schändlich betrogen hat, Glück? Von Glück redet er und davon, daß wir unglücklich sind. Daß wir nicht an die Front gehen sollen. La donna é mobile... Darwin... der Kampf ums Dasein...

Der da vor mir ist sicher ein Sozialist. Eigentlich wäre es ganz schön, zu Hause zu bleiben und nicht an diese blöde Front gehen zu müssen. (Diese tollen Ideen haben etwas für sich, es wäre wirklich schlau, sich mit Kitty zu versöhnen, diesen Bedientenwaffenrock auszuziehen, irgendwo in Wien in der Oper als Zivilist zu sitzen, Kitty als ihr Mann zu begleiten, sie ist ja ziemlich vermögend, aber das sind lauter blöde Hirngespinste, eigentlich ist alles Unsinn.)

»Was wollen Sie mir mit all dem sagen? Ich verstehe Sie nicht. Sie reden irgendein dummes, sozialistisches Zeugs daher!«

– Ja, es ist wirklich dumm. Und wie dumm? Ich will hier einem Offiziersmantel etwas erklären. Kavalleriestiefel und Rittmeistersporen! Bin ich ein Prediger, bin ich ein Pfaffe, verdammte Trotteln, der Teufel soll sie alle holen, du elender Dummkopf!

»Haben Sie mich verstanden, Honved Ratschisch? Sie reden da etwas, das weder Kopf noch Fuß hat! Sie sind ein deklassierter Bettler, ein eingebildeter Dummkopf, ein Trottel sind Sie, haben Sie verstanden?«

»Jawohl, Herr Hauptmann, ich bin ein Trottel. Es hat weder Kopf noch Fuß. Ich verstehe Sie, Herr Hauptmann. Jawohl, ich verstehe Sie, melde gehorsamst!«

Ratschisch wurde steif, trat drei Schritt zurück und schlug mit der rechten Hand schallend an den Kolben.

Und der Hauptmann nickte und ging weg. Man konnte noch lange das Klirren seiner Sporen hören.

Baracke 5 b

Graf Maximilian Axelrode, Komtur des Souveränen Malteserordens, war bereits in seinem vierzehnten Lebensjahr bei den Johannitern Chevalier de Justice gewesen; in Gala trug er das silberne Kreuz. Statt der sechzehn adeligen und ritterlichen Ahnen, die nötig waren, um in den Hohen Malteserorden aufgenommen zu werden, konnte Graf Maximilian Axelrode in der Linie seines Herrn Vaters und seiner Frau Mutter, der hochgeborenen Fürstin, mit achtundzwanzig Federbüschen und Goldhelmen aufwarten, unter denen allen schon blaues Blut gepocht hatte; und als das Hohe Priorat des Souveränen Malteserordens die kostbare Familienchronik mit den goldenen Siegeln der Kabinettskanzlei Seiner Majestät zur hohen und höchsten Imprimatur gesandt hatte, sprach man davon wie von einem großen Ereignis, das zu seiner Zeit auf der ganzen Erdkugel nicht seinesgleichen hatte.

Graf Maximilian Axelrode hatte sein ganzes Leben hindurch nur ein einziges Ideal: für die hohe Malteserdevise »Pro fide« das bloße Schwert zu zücken und sich, in den schwarzen, in schweren Falten fallenden Ordensmantel gehüllt, mit kühner und heller Stirn in den Tod zu stürzen. So hatte er, als er zum erstenmal nach Jerusalem gereist war, über dem Marmor von Santa Maria Latinae bitterlich geweint, voll Trauer, daß es ihm nicht vergönnt war, seine Gebeine neben denen des vor achthundert Jahren gefallenen Gottfried von Bouillon verstreut zu haben, oder doch wenigstens dreihundert Jahre später auf Rhodos und Malta, als dort die Kanonen gedonnert hatten.

Aber ach, er war in einer jämmerlichen und dummen Zeit auf diesen Globus geworfen worden, in einer Zeit, in der die hochadeligen Leute vom Schlage eines Villiers de L'Isle-Adam sich in sozialistische Agitatoren verwandelt hatten, die am 1. Mai den Pöbel aufwiegelten, und in der das größte militärische Ereignis irgendein Manöver war, bei dem nur mit Platzpatronen geschossen wurde. Pfui über dieses idiotische Zeitalter der Dampflokomotiven, das als Ganzes an die Schienen der sozialen – vielmehr der sozialistischen – Demokratie gebunden zu sein schien, in der die edlen Malteserritter einander mit bürgerlichen Melonen auf dem Kopfe in Hotels treffen mußten und in der das Duell gesetzlich verboten war.

So trauerte Graf Maximilian Axelrode volle dreiundsechzig Jahre. Als er eines Tages erwachte, schien es ihm, als träume er. Ein Lakai überbrachte ihm eine Depesche vom Priorat des Hohen Ordens, in der ihm mitgeteilt wurde, daß die Generalmobilmachung verkündet worden sei und daß der Souveräne Malteserorden seiner hohen Tradition gemäß dazu ausersehen sei, im Namen seiner großen Devise »pro fide« die Fahnen zu erheben und irgendwo draußen in der Etappe des kaiserlichen Heeres seine Zelte aufzuschlagen, um einen Samariterdienst einzurichten. So kam es, daß Graf Maximilian Axelrode zum Chef eines großen Lazaretts wurde, das aus zweiundvierzig Holzbaracken bestand; einer eigenen elektrischen Zentrale, einer ganzen Kompanie Schwestern vom Roten Kreuz und so weiter und so weiter...

Das Heer rückte hundert Kilometer nach Osten vor und zog sich dann zweihundert Kilometer nach Westen zurück, marschierte dann wieder nach Osten, von einem Feldzug zum andern, und das war der Krieg. Und so wanderte auch Graf Maximilian Axelrode mit seinem Malteserzirkus von Osten nach Westen, von Stanislau nach Krakau und umgekehrt, zwei volle Jahre. Und nun war es

August des Jahres 1916, die Sonne brannte mit 42 Grad Celsius herab, und die Lage war gespannt und ernst.

Das Lazarett war mit einer Kopfzahl von fünfzehnhundert Verwundeten voll belegt, dazu hatte es den Anschein, als hätten die Russen die Eisenbahnverbindung zur rechten und zur linken abgeschnitten und als werde sich der Herr Graf und Großmeister des Malteserordens in zwei Wochen in Moskau befinden. Um die Mittagszeit kam eine Depesche, die besagte, daß die Russen ihre Linien bereits nördlich über die beiden Bahnstationen hinaus vorgeschoben hätten, daß aber das Lazarett an Ort und Stelle bleiben solle, weil ein Gegenangriff im Gange sei. Da die Eisenbahnlinie im Norden von den Russen abgeschnitten war, hatten sich sämtliche Transporte nach Süden in Bewegung gesetzt, und so war es selbstverständlich zu Zusammenstößen gekommen. Das Ergebnis: 72 Tote und eine Unzahl von Verwundeten. Dazu kam, daß es in den Zügen keine Verpflegung mehr gab und daß die Verwundeten schon seit fünf Tagen nach Wasser schrien. Man ernährte sie – lachen Sie nicht, es ist wahr – mit Pillen gegen Würmer; auf allen Bahnhöfen hatte man den Kopf verloren, und Graf Axelrode war gezwungen, fünfhundert weitere Patienten in sein überfülltes Lazarett aufzunehmen. Dieser Tag war der heißeste des ganzen Sommers, die Sonne hatte mit ihren glühenden Strahlen die Erde förmlich zusammengepreßt, und es schien, als habe jemand auf die weißen Holzbaracken einen glühenden Mühlstein geworfen und damit alles in Brand gesteckt. Die Bretter bogen sich und bekamen Sprünge vor Trokkenheit, und der Kalk schuppte sich ab wie Greisenhaut. Der grüne Rasen und die Blumen in den dekorativen Rondells verdorrten, welkten und zerfielen, als hätte man sie zertreten.

Unter den neuen fünfhundert Verwundeten, die Graf Axelrode über sein Soll hinauf aufnehmen mußte, lag auch

Vidovic, ein Student, mit zerschossener Lunge; er blutete. Der Mensch kann wirklich nirgends mehr verdrecken als an der Front, aber als man Vidovic genauso schmutzig wie alle anderen, die man an jenem Augusttag aus den Viehwagen geholt hatte, in das große Dampfbad trug, konnte er doch noch Ekel empfinden.

Wenn man einen so bejammernswerten, nervösen Menschen, wie Vidovic einer war, aus den ihm angemessenen westeuropäischen Lebensbedingungen heraus direkt in dieses Dampfbad transportiert hätte, dann hätte der arme Vidovic zweifellos Krämpfe bekommen und angefangen zu speien. Aber nach all dem, was Vidovic gestern und heute erlebt hatte – nach dem Bahnhofsbrand der vergangenen Nacht, in der ein Benzinkanister nach dem andern explodiert war; nach der Verabreichung von wurmvertilgenden Pillen, während tausendzweihundert Hälse nach Wasser gebrüllt hatten und es doch kein Wasser gegeben hatte; nach dem Aufenthalt im Viehwagen –, mußte er in diesem Bad nicht speien, obwohl ihn dennoch alles anekelte.

In dem stinkenden gelben Wasser des Betonbeckens schwammen graugrüner Seifenschaum, blutige Verbandsfetzen und eitergetränkte Watte. Das Wasser dampfte und stank nach Dreck und Lehm, die heißen Duschen rauschten, und durch den dichten Dampf sah man schwarze Schatten, die im Dunst hin- und herrannten; alle Menschengesichter waren geschwollen und blutig, irgendwo surrte ein Dynamo, und es war Mittag im August. Irgendwo unter einer heißen Dusche starb ein Mann, ein anderer schrie, die Ventilatoren summten wie unsichtbare Insekten, und Russen in khakifarbenen Blusen brachten neue Verwundete wie Säcke angeschleppt; die Schwestern, die Verwundeten und die Ärzte schrien, alle liefen hin und her, und alle hatten den Kopf verloren.

Vidovic wurde in dieser dreckigen, blutigen Hölle gebadet und hernach in die Baracke 5 b getragen, die aussah wie der Bauch eines riesigen Schleppkahns. Mit unerbittlicher Pedanterie waren dort sechzig präzis sortierte Betten aufgestellt, auf jedem lag ein Körper, und über jedem Bett hing ein Zettel, damit man auch wußte, wem der jeweilige Körper gehörte.

Erste Gruppe: Knochenbrüche (die Knochen ragten hervor wie Späne; die Männer lagen tagsüber lautlos da, erst in der Nacht meldeten sich die Verwundeten mit jämmerlichen Stimmen).

Zweite Gruppe: Amputierte (Arme oder Beine oder beides; die Wunden waren nicht verbunden, sondern dorrten unter der Gaze wie in der Auslage eines Fleischerladens).

Die dritte Gruppe, links vom Eingang, war die Zuwachsgruppe. Dieser Zuwachs befand sich in der Baracke 5 b nur auf der Durchreise. Er durchwanderte sie auf dem Weg vom Bad in die Leichenhalle. Sobald jemand dieser dritten Gruppe zugeteilt wurde, wußte die ganze Baracke, wie es mit ihm stand; er war ein Todeskandidat.

Als man den verwundeten Vidovic in die Baracke gebracht und auf das Bett Nummer 8 gelegt hatte, spuckte ein Ungar, ein riesenhafter Kerl aus Gruppe 1 (Knochenbrüche), verächtlich aus und malte mit einem Finger das Zeichen des Kreuzes in die Luft.

»No hát, Istenem! Den hätten sie doch direkt in die Leichenhalle bringen können. Servus.«

»Eine neue Nummer 8 ist gekommen, Kinder!«

»Nummer 8, Nummer 8!«

Die Nachricht verbreitete sich rasch durch die Baracke, und viele Köpfe hoben sich, um die neue Nummer 8 in Augenschein zu nehmen. Gewiß, sie alle hatte das Leben tüchtig hergenommen und zur Ader gelassen, aber wenn einer auch keine Füße mehr hatte, so war er noch lange nicht Nummer 8, sondern Nummer 21 oder Nummer 15.

»Mir fehlt ein Arm – ja. Und mein Knochen ist gebrochen, ja. Aber ich lebe! Du lieber Gott! Ich lebe noch immer. Und wenn morgen die Russen einen schwarzen Sarg hereinschleppen und Nummer 8 darin verstauen, werde ich schön meine Pfeife stopfen, zuschauen, wie die Fliegen am Fliegenfänger kleben bleiben, und meine Milch trinken. Das ist immerhin ein Leben und nicht das Schicksal von Nummer 8.«

Schon seit vier Tagen wechselte die Nummer 8 ständig. Noch heute morgen hatten die russischen Gefangenen einen ihrer Kameraden hinausgetragen. Seine Gedärme waren zerrissen gewesen, und er hatte zwei Tage und zwei Nächte hindurch gebrüllt. Vor dem Russen war dort ein gutmütiger Wiener gelegen, und jetzt kam Vidovic an die Reihe.

Im Bett Nummer 7, links von Vidovic, lag ein sibirischer Mongole mit Kopfschuß; er lag schon den dritten Tag in Agonie. Er schrie irgendwelche grellen Selbstlaute, die keiner verstand, und alle glaubten, es gehe schon zu Ende mit ihm. Er warf sich aber immer wieder herum, und auf seinem Kopfverband zeigten sich frische Streifen von rotem, brennendem Blut. In Nummer 9, zur rechten, lag ein junger Slowake mit durchschossenem Hals im Sterben. Seine Luftröhre war durchtrennt; er atmete durch eine Glaskanüle, und man hörte in dem Röhrchen ganz deutlich ein Gemenge von Eiter, Blut und schäumendem Speichel gurgeln.

Und die Baracke 5 b fing an zu wetten, daß Vidovic den Morgen nicht erleben werde.

»Ich kenn' doch unseren Doktor. Wen er nicht gleich unters Messer nimmt, mit dem ist es aus.«

»Das ist nicht wahr. Er würde ihn nicht bis morgen hier liegen lassen, wenn es so wäre. Der Kerl ist noch jung.«

»Dieser Bacsi aus Wien hat schon Reis gegessen und gelacht, aber wir sind gleich unters Messer gegangen.«

»Also abgemacht? Auf eine Flasche Dunkles? Bis morgen!«

»Gut. Auf eine Flasche Dunkles.«

Und so brach die Augustnacht herein.

Große Sterne entzündeten sich, riesig, blitzend, und das unendliche, blaue Gewölbe bedeckte wie eine Kristallschüssel das ganze Tal mit Axelrodes Malteserlazarett; Tausende und Abertausende Tonnen von Glut lasteten auf der Baracke 5b; nirgends ein Windhauch, der für einen Augenblick Erfrischung gebracht hätte. Die Fliegen schliefen und summten nicht mehr in der Baracke, und irgendwo in der Mitte dieses entarteten Schiffs, das mit Menschenfleisch vollbeladen war, brannte eine grüne Lampe, und alles schwamm im Halbdunkel. Dunkel, Dunkel, Halbdunkel – und der Schmerz, der unsagbare Schmerz, der sich tagsüber verkrochen hatte und der jetzt in jedem Herzschlag und in jedem Atmen der Poren war. Jetzt spürte man auch die leiseste Erschütterung in den zusammengeflickten Knochen. Jede Erschütterung zerrte an den Nerven und ließ die Stimmen aus den Tiefen der Menschen bersten wie Lava aus einem Vulkan. Der Mensch biß die Zähne zusammen, er schwitzte und zitterte, schäumte und biß sich auf Zunge und Lippen, doch auf einmal zwängten sich die Kiefer auseinander, das Gesicht verzerrte sich zu einer Grimasse, und die Stimme schrie aus tiefstem Grund wie aus einem Brunnenloch.

»Mamma mia! Mamma mia!« jammerte ein Italiener hinten im Saal.

»Gospodi, gospodi, gospodi!« stöhnte ein Russe mit Bauchschuß. Dann war es wieder still, eine grüne Stille, Halbdunkel.

Vom Blutverlust erschöpft, hatte Vidovic den ganzen Nachmittag geschlafen. Jetzt wachte er auf und wußte nicht, wo er war, was mit ihm geschehen und wie er hierher geraten war. Er hörte menschliche Stimmen, die stöhnten, und der Brand in seinen Wunden hatte sich irgendwie beruhigt. Die Glut war erloschen. Nur mit größter Mühe fand er eine etwas kühlere Stelle auf seinem Kissen. Seine verbrannten Lider klebten aneinander, eine schwere und taube Stille lastete auf ihnen, Durst drang von unten herauf, die Baracke fing an, zu zergehen und in wohligem Dunkel zu zerfließen, als wieder ein tierischer Schrei laut gewordenen Schmerzes die Baracke durchdrang. Und dieser Schrei zerbrach das ganze Gebäude des mühselig auf dem kühlen Ende des Kissens aufgebauten Traums. Alles fiel in einem einzigen Augenblick zusammen.

Und so ging es die ganze Nacht, immer wieder von neuem.

»Ah, oh, nur fünf Minuten, nur eine Minute Schlaf!«

Es mußte schon gegen Ende der Nacht sein, denn ein klares Licht floß durch die grüne Gaze. Draußen schrien die Wachen, und ein Lichtstrahl, der an der Lampenschnur hinaufkroch, schien im Morgenwind zu erzittern. Falter flogen um die Nachtlampe und flatterten mit den Flügeln.

»Wie spät ist es?«

Es gab keine Zeit, es gab nichts, nur den Schmerz.

»Mamma mia! Mamma mia! Gospodi! Gospodi!«

»Ach, wenn ich nur eine Minute schlafen könnte, nur eine Sekunde.«

»Gospodi!«

Am nächsten Morgen verschlechterte sich die Situation ernstlich. Der Russe war am frühen Morgen nach Süden vorgedrungen und hatte auch die letzte kaiserlich-königliche Eisenbahnverbindung unterbrochen. Die Züge begannen, in umgekehrter Richtung zu fahren, und an die Maschinisten wurde der Befehl gegeben, die Lokomotiven zu sprengen, so daß sie wie Spielzeug in die Luft flogen. Alles geriet durcheinander: die Artillerie, die Verwundeten, die Magazine, die großen Divisionsküchen mit ihren rußigen Rohren, Pontons, Pferde, eine wahre Sintflut. Ununterbrochen krachte es von den Detonationen der gesprengten Lokomotiven. Den ganzen Morgen hindurch marschierten Truppen, und die Patienten des Malteserlazaretts aus den Baracken A, C und D, Leichtverwundete, die man nicht auf Bahren tragen mußte, da sie sich von selbst fortschleppen konnten, sahen belustigt durch den Stacheldraht hinaus auf das Chaos des Rückzugs, auf die Straße, auf der die Menschen heute, vom Sonnenstich getroffen, umfallen würden, während es den Verwundeten immer noch ganz gut ging. Da standen sie unter dem Rotkreuz-Zeichen, und niemand würde sie jagen; wenn der Russe kam, würde man sie irgendwohin in weite Ferne abtransportieren, in russische Lazarette und Lager, dort würde es keinen Krieg geben, sie würden am Leben bleiben, und der Krieg würde aller Wahrscheinlichkeit nach noch an diesem Morgen für sie zu Ende sein. Die einzige Idee in den Köpfen der Verwundeten war eben das: der Krieg möge zu Ende sein, je eher, desto besser.

Graf Maximilian Axelrode, Chef des Malteser-Lazaretts, hatte das aristokratische weibliche Personal – zwei Baroninnen und eine Generalin – im Auto weggeschickt. Er selbst hatte sich entschlossen, hier, bei seiner Malteserfahne, mitten in der Gefahr bis zum Letzten auszuharren. Die Glocke am Dach der Leichenhalle läutete, und Graf Axelrode wandelte in seinem schwarzen Mantel mit dem Malteserkreuz wie jeden Morgen durch die Baracken und betrachtete die nackten, gelben Leichen in den Särgen, die von Russen geschleppt wurden. Die Russen trugen die Toten und begrüßten den Grafen; sie verbeugten sich tief, wobei sie die Mützen abnahmen und damit beinahe den Boden berührten.

»Es ist unglaublich, wie der Betrieb im Lazarett in den letzten zwölf Stunden nachgelassen hat!«

Tatsächlich, der gestrige Tag war eine ungewöhnliche Nervenstrapaze gewesen. Die verdammte Sonne hatte alle Hirne überhitzt, und alarmierende Nachrichten, Depeschen und die Sprengungen der Lokomotiven hatten auf die Stimmung gedrückt. Und dann dieser neue Transport, der die ganze Hausordnung des Lazaretts in den Küchen und Ambulatorien durcheinandergebracht hatte! Ach Gott, dieser neue Transport! Aber heute, wo draußen Einheiten vorbeimarschierten, die man überblicken konnte wie ein Schachbrett, auf dem die Figuren umfielen – heute wurde die allgemeine Lage deutlicher, und alles schien sich aufzulösen. Wann hätte sich – noch gestern um diese Zeit! – jener Sanitätsgefreite getraut, vor den Augen Seiner Exzellenz Kognak aus einer großen Flasche zu trinken? Und jetzt hatte er sogar bemerkt, daß der Graf sich näherte, und doch trank er ruhig weiter, als gehe ihn das Ganze nichts an. Und warum grinsten fast alle Patienten so spöttisch? Was sangen die Russen da? (Die russischen Gefangenen sangen beim Gottesdienst in ihrer Baracke, denn heute war ein orthodoxer Feiertag.) Heute goß auch niemand die Rondells, obwohl es in einem Lazarettbefehl ausdrücklich so bestimmt war. Nirgends war jemand, der seine Pflicht tat. Er stand unter diesem Pöbel ganz allein.

So einsam wie ein Schatten stand der Graf da und war ganz erschüttert. Er hatte nicht mehr die Energie, die Dinge wieder ins Lot zu bringen, und wußte nicht, was er tun sollte. Er konnte keine Verbindung mit dem Oberkommando bekommen, er hatte keine Anweisungen, und der Divisionsstab war vor einigen Minuten in einer Autokolonne vorbeigesaust und hatte gar nicht angehalten. So rief der Graf die Abteilungschefs in seine Baracke, um mit ihnen zu beraten, was zu tun sei.

Die einen waren dafür, daß fünfzig Prozent des Personals hierbleiben und die anderen fünfzig Prozent abrükken sollten; andere waren wieder nicht dafür, und die dritten waren weder für die erste noch für die zweite Maßnahme und wollten etwas Drittes; und so ging es lange hin und her, bis man am Ende beschloß, gar nichts zu tun – bis auf weiteres.

Dieses »bis auf weiteres« war indessen schon um fünf Uhr nachmittags erreicht, denn zu dieser Zeit wurde es sonnenklar, daß sich das Lazarett in der kommenden Nacht zwischen den Fronten befinden würde. Die Russen hatten an diesem Frontabschnitt keinen Kontakt mit den kaiserlich-königlichen Truppen, und wenn der geplante, bereits vor vierundzwanzig Stunden angekündigte massive Gegenstoß nicht gelang – was sehr wahrscheinlich war –, dann würde irgendein Sanitätsoffizier einer russischen Division mit dem Malteserlazarett nach seinem Gutdünken verfahren.

So beschloß man endlich, daß sich Graf Axelrode mit den Chirurgen, dem kostbarsten Material und fünfzig Prozent des Personals auf ein etwa fünfzehn Kilometer weiter westlich gelegenes Gut zurückziehen sollte, um von dort aus mit irgendeinem Kommando in Kontakt zu treten und sich schriftlich darüber zu beschweren, daß man ihn und sein Lazarett vollkommen vergessen hatte – wie eine Nadel im Heuhaufen! Und es war doch ganz und gar keine Nadel, sondern ein Malteser-Lazarett mit einer Kopfzahl von tausendfünfhundert Verwundeten.

Die letzten Infanterie-Einheiten zogen an ihnen vorbei, und man hörte das Artilleriefeuer schon ganz nahe. Dann zerschnitten die Verwundeten den Stacheldraht, setzten sich in den Straßengraben und unterhielten sich mit den Männern, die aus der Schlacht kamen, über »ihn«. »Er« war Brussilow, »er« war der Russe.

»Wo ist *er*? – Ist *er* schon in der Nähe? – Was macht *er* jetzt? – Wann wird *er* kommen? – *Er* ist im Anmarsch. Bis Wien wird *er* sich nicht mehr aufhalten lassen.«

Die Truppen waren müde und durstig, und jeder sagte etwas anderes, nur eines stand fest: *er* kam immer näher.

Der Abend kam, und Scheinwerfer begannen am Himmel zu spielen. Kanonen donnerten in der Ferne, und die allerletzten Gruppen zogen vorbei. Aber *er* kam nicht. *Er* war aus unerklärlichen Gründen stehengeblieben, so wie man stehenbleibt, um Atem zu schöpfen.

Drei Kilometer vom Lazarett entfernt floß unter Weiden ein schmutziges, breites Wasser. Dort brannten die Brücken, das sah man ganz deutlich, aber am anderen Ufer war es ganz ruhig, so als gäbe es dort niemanden. In dieser geheimnisvollen Spanne Zeit, in der man gar nichts wußte: weder, was *er* tat, noch wo *er* war, kam sich das ganze Malteser-Lazarett vor, als hänge es irgendwo zwischen Wien und Moskau in der Luft, aber wahrscheinlich war Moskau etwas näher als Wien.

Später war irgend jemand so geistesgegenwärtig gewesen, die erste Flasche Kognak aus dem Magazin zu stehlen, denn er hatte schon gewußt, was morgen sein würde. Die russischen Verwalter waren vielleicht noch pedantischer als die österreichischen.

Im Magazin gab es Kognak und roten Burgunder und ungarische Weine und Champagner, und eine Stunde später war das ganze Malteser-Lazarett vollgesoffen; der Wein floß durch die Baracken, und volle Bierflaschen wurden zerbrochen, denn wer trank schon Bier? Die russischen Gefangenen begannen, fasziniert von der lichten Illusion, daß sie morgen schon in ihre Dörfer im Ural oder an der Wolga zurückkehren könnten, durch alle Baracken zu tanzen. Dann fing ein ungarischer Arzt an, mit seinem Revolver auf die Wärter zu schießen, in dem Bestreben, seinen Alkoholbrand mit Pulver zu löschen. Daraus entstand eine regelrechte Schießerei, eine kleine Schlacht, und der ungarische Arzt mußte sich vor der elementaren Gewalt geschlagen zurückziehen und verschwand mit den Schwestern in der Nacht. Zwei deutsche Schwestern, Schwester Frieda und Schwester Marianne (deren Verlobter bei Verdun gefallen war), wurden in ihren eigenen Zimmern vergewaltigt. Und dann geriet alles außer Rand und Band, die Menge löschte ihren Freiheitsdurst immer gewaltiger, zuletzt war sie bis zum Wahnsinn vollgesoffen mit Illusionen und alles schien wie ein trunkener Traum. Die Raketen, die alle paar Minuten aus dem Wald drüben aufstiegen, wurden von den betrunkenen Verwundeten, die in ihren Hemden, mit Flaschen in der Hand, herumsaßen, mit Gejohle und Gepfeife begrüßt, und alles war von Sinnen wie auf einem Jahrmarkt.

Den Verwundeten, die sich nicht bewegen konnten, wurde der Wein in Töpfen ans Bett gebracht, und all die Knochenbrüche und die amputierten Beine, die in der Baracke 5 b wie in der Auslage eines Fleischerladens unter dem Tüll dorrten, betranken sich ganz schön; und mitten auf Vidovics Bett begannen irgendwelche Ungarn »Siebzehn und Vier» zu spielen.

»Bank! Bank!« schrien sie, mischten die Karten und tranken, und ihre Gesichter sahen aus wie die Fratzen chinesischer Piraten, verzerrt und grinsend, mit schadhaften Zähnen. »Einundzwanzig!« Irgendein Teufel war auf das Dach der Baracke gestiegen und begann dort zu tanzen. Er trampelte herum, und es schien, als würde das Dach jeden Augenblick einstürzen und sie alle in irgendeinen Abgrund mitreißen. Aus der Baracke C hörte man Harmonika, Okarina und Gusla. Dort waren Männer aus Syrmien, die im Chor sangen: »I mama i tata!«

Das freche und ausgelassene Scherzo zitterte nach, und man konnte es in der Baracke 5 b, in der der durchlöcherte und verzweifelte Vidovic lag, gut hören. Nur ein einziger

Gedanke brannte in seinem Kopf: Werden sie mich operieren? Wenn sie mir heute das alles herausgenommen hätten, würde ich nicht mehr bluten. Wo sind sie? Warum operieren sie mich nicht? Was geschieht da?

»Einundzwanzig! Bank! Das Ganze!«

»Mert arról én nem tehetek
hogy nagyon nagyon szeretlek
taralala lalalala!«

sang jemand von den Amputierten aus der Budapester Bande. Er hatte die Gaze-Decke, die für den amputierten Fuß bestimmt war, wie einen Hut über den Kopf gestülpt, und ein Italiener sang die Irredenta, und sein Tenor widerhallte herrlich: »Amore, amore, amore!«

Man sang, man trank, man vergoß Schnaps, und dann begannen die Scabies-Kranken, einander mit Besen durch die Baracken zu jagen, und johlten dabei; alles brüllte wie in einer Menagerie, und es schien, als hätten sich alle Insassen der Baracken wie schmutzige, verwundete, blinde Hühner zusammengetan und angefangen, auf einem einzigen, abgeschnittenen und verbundenen Bein nach dem Takt der Geschützmusik, die immer stärker vom Bahnhof herüberdrang, zu tanzen.

»Händewaschen vor dem Essen,
Nach dem Stuhlgang nicht vergessen!«

jodelten die Tiroler im Chor, indem sie diesen Vers von den Zetteln lasen, die in den drei Landessprachen beschriftet überall angebracht waren.

Die Ungarn wollten nicht hintanstehen und sangen den entsprechenden Vers auf Ungarisch:

»Egyél igyél de mindig elöbb mosdjál«,

und in der dritten Sprache lautete der Vers:

»Peri ruke svagda prije jela,
Peri poslije ispražnjenja tijela.«

Aber die kroatischen Soldaten sangen ihn nicht richtig, sondern lallten ihn spottend nach, als sei er in einer afrikanischen Sprache abgefaßt. Ein steirischer Kaiserjäger, dessen Brille die Augen wie mit Lupen vergrößerte, so daß sie wie grüne Glaskugeln hervortraten, wollte vor Lachen zerspringen. Er hustete und japste und lief dabei puterrot an; beinahe wäre er erstickt, während ihm die Zunge brechen wollte bei dem Versuch, diesen kroatischen Text nachzusprechen:

»Peri ruke svagda prije jela,
Peri poslije ispražnjenja tijela!«

»Haha, das ist aber wirklich dumm! Ist das nicht blöd, dieses ›peri‹? Du, was ist das, dieses ›peri‹?«

»Waas isdas? Waas isdas? Blöder Trottel! Nix, nix. Sag du ihm, Stef, was das heißt, du warst doch in Graz. Kum, kum, Snaps!«

Und sie tranken und grölten, zogen einander auf, sangen und brüllten: ein ungeheures Babylon. Einer hatte im italienischen Kriegsgefangenenlager gelernt: »porca madonna, io parlo italiano!«, und das schrie er den Italienern zu und winkte ihnen: »porca madonna, porca porca porca!«; und jemand verspottete die Rumänen mit einem Zitat, das er in der Typhusbaracke des Lazaretts aufgeschnappt hatte: »Nueste permis aščipi per podele, haha! Šci rumunesce!«

»Liebe Brüder, ich bitte euch, seid ruhig, mir tut's weh, mir tut's so schrecklich weh!« schrie Vidovic, aber seine Stimme verlor sich; er röchelte nur mehr, und Blut quoll ihm zwischen den Zähnen hervor.

»Te! Mi az? Weh? Mindig ez a Weh! Mi az Weh?«

»Das ist, wenn einem etwas weh tut«, erklärte ein Slowak dem Ungarn. »Weißt du, wenn du verwundet bist, dann tut's dir weh, oder wenn du dich wo anschlägst, dann tut's dir auch weh.«

»Micsoda Anschlägst? – Haha! Weh! Weh!«

»I mama i tata...«

Und die Kanonen schossen immer stärker, als fällte jemand auf der Baracke Bäume.

Der vor achtundvierzig Stunden angekündigte massive Gegenstoß gelang wirklich, und die Russen wurden im Morgengrauen mit großer Wucht zurückgeworfen und auf beiden Flügeln umgangen. Fünf Bataillone Infanterie und einige Batterien wurden gefangengenommen, und Graf Maximilian Axelrode kam schon um halb zehn in Begleitung der Baronin Liechtenstein in seinem Wagen im Lazarett an.

Zuerst fand eine große Untersuchung statt, wegen der Vergewaltigung der zwei deutschen Krankenschwestern. Um halb eins wurden sieben Russen, die vorher ihr eigenes Grab hatten ausschaufeln müssen, erschossen. Dann wurden dreihundertfünfzig Simulanten (die mit Trachomen behaftet gewesen waren, mit Scabies und Geschlechtskrankheiten), ferner Leute mit Streifschüssen und einige aus den Baracken für interne Krankheiten, deren Temperatur nicht über 38 Grad betrug, in den Kampf geworfen, so daß im Lazarett schon um halb eins die nüchterne Ordnung der Malteser wieder eingezogen war.

Um die Autorität der kaiserlichen Fahne und die so sehr korrumpierte Disziplin wiederherzustellen, befahl Graf Axelrode, daß der große Sieg der vergangenen Nacht mit einem Fackelzug gefeiert werden sollte. Alle Insassen des Lazaretts, ohne Unterschied, wurden angewiesen, an einer schwarz-gelben Fahne vorbeizumarschieren, und alle, die nicht gehen konnten, sollten von den Russen auf Bahren vorbeigetragen werden. Aber defilieren mußten sie alle. Und so geschah es auch.

Die Patienten traten gruppenweise an, und jeder Mann bekam einen Lampion in die Hand gedrückt, und den ganzen Zug führte ein Verpflegungsoffizier, der noch nie auf einem Pferd gesessen hatte. Er verstand es aber gut, mit seinen Sporen zu klirren und die Menge wie ein Regisseur zu dirigieren. So formierte sich ein Zug von einigen hundert Mann mit grauen, blutigen Verbänden, und jeder einzelne hielt einen grünen oder roten Lampion in der Hand, und die lebhaften Farben hoben sich grell von der aschgrauen Tünche der Dämmerung ab, und alles sah aus wie eine Legion von Gespenstern.

Der Zug setzte sich in Bewegung.

Die Enkel der Männer, die 1848 auf den Barrikaden von Wien gefallen waren, die Söhne von Garibaldis Fahnenträgern, hussitische Gottesstreiter, Jelačićs Grenzer, Kossuths ungarische Honveds zogen vorbei, verkrüppelt, humpelnd, verunstaltet, verbunden, amputiert, mit Stökken, auf Wägelchen und Tragbahren, sie taumelten, stießen einander an und schleppten einander – und dort stand eine große schwarz-gelbe Fahne, davor Graf Axelrode in Schwarz, geschmückt mit dem Malteserkreuz, hinter ihm Krankenschwestern mit dem Roten Kreuz und Ärzte, und alle sangen im Chor: »Gott erhalte!«

Die Männer gingen still einher, mit gesenkten Köpfen, wie verschämt. Sie waren noch verkatert von gestern nacht, sie trugen gelbe Lampions und Kerzen wie bei einem Begräbnis, und ein Hornist war auf ein Barackendach gestiegen, wo er die Generaldecharge intonierte. Als man Vidovic von diesem beschämenden Defilee in die Baracke 5b zurückgebracht hatte, glühte er in hohem Fieber.

Alles hatte sich in der vergangenen Nacht zum Schlechteren gewandt, und die Insassen der Baracke, die noch vom Alkohol aufgepeitscht waren, spürten ihre Wunden jetzt um so stärker brennen. Der Sibirier auf Nummer 7 hatte sich in der Nacht schwer angetrunken, am Morgen war er tot. Man hatte ihn noch lange in der Baracke liegenlassen, und alles stank fürchterlich von seinem vielen Blut. Der Slowak mit der Kanüle auf Nummer 9 quälte sich noch immer, und man konnte ihn schwer atmen hören. Irgendwo unter den Ungarn schrie entsetzlich ein Russe. Heute nacht hatte er noch tanzen wollen, jetzt schrie er wie verrückt.

»Az atya úr istennét, ennek a Ruszkinak! Ruszki!«

»Halt's Maul, Russki! Was schreist du so?«

»Ich hab auch Schmerzen und bin doch ruhig!«

»Ich will auch schlafen, verfluchter Hund!«

»Russki kusch!«

»Pst! Ruhe! Pst, pst!«

Vidovic lag da und hörte, wie sie in der Baracke stritten, und fühlte sein Ende nahen.

»Wozu bin ich überhaupt geboren, und was für einen Sinn hat es gehabt, in eine blöde Gassenhauerzivilisation hineingeboren zu werden, in der es keine Trauer gibt, in der alles nur Operette ist? Wie beschämend ist doch mein Tod! Wie tief beschämend! Ich wollte das alles überleben, Neues erleben. Und was ist geschehen? Spitäler und nur Spitäler. Welche Worte auf der ganzen Erdkugel könnten den Sinn eines solchen Spitals ergründen? Nichts als Spitäler! Seit zwei Jahren schon wandere ich von Spital zu Spital. In dekorativen Staatsspitälern war ich mit hochherrschaftlichen Huren, in Klosterspitälern, in denen die Tuberkulosekranken sterben. Man spritzt ihnen irgendein Serum ein, an das keiner glaubt! Baracken! Diese schmutzigen, stinkenden, verlausten Holzbaracken! Ach, wie traurig und ekelhaft ist das alles!«

In dem Wunsch, irgend etwas zu tun, sich loszumachen, aufzuspringen, davonzulaufen, aus vollem Hals zu schreien, wollte Vidovic sich aufrichten, konnte es aber nicht. Der Schmerz hatte den Aufruhr seiner Nerven niedergeworfen, er verlor sich in einem Nebel, und er begann laut zu stöhnen.

»Pst! Pst!« zischte es aus der Dunkelheit; die Baracke protestierte.

Der Schmerz preßte die zahllosen blutigen Glieder, die durch die ganze Baracke 5b verstreut waren, wie ein Schraubstock. Der Schmerz nahm übernatürliche Formen an, und die Menschen begannen, Gott anzurufen. Der

Herrgott wurde als letzte Instanz angerufen, so wie man Bittschriften an die Hofkanzlei sendet, wenn schon alle anderen Mittel versagt haben.

Irgendein Ungar rief seinen »Isten« an, damit er ihm helfe. In breiten, weißen Leinenhosen solle er kommen und zwei, drei Flaschen roten Stierbluts bringen, und irgendein Teufel solle kommen, um aufzuspielen, damit man endlich einmal sterbe oder auferstehen könne, denn so gehe es nicht mehr weiter.

»Gospodi, gospodi, gospodi!« schrie ein Russe, blaß und durchsichtig wie eine byzantinische Ikone. Er rief seinen russischen Gott an, der im Bojarenpelz auf goldenem Thron im Kreml saß; der russische Mensch schrie, er schrie, daß sogar Mütterchen Moskau seine Stimme hören konnte, er schrie aus allen Kräften und faltete die Hände und weinte wie ein neugeborenes Kind: »Gospodi! Gospodi!«

Vidovic fuhr zusammen, und es schien ihm, als sei »Isten« zu dem Ungarn gekommen, als habe er sich auf dessen Bett gesetzt und labe ihn aus einer Flasche, und der Ungar trank, immer mehr, und die Geigen schluchzten, ach, wie gut das tat, beim Schluchzen der Geigen von jemandem gelabt zu werden. Es war gut. Darauf konnte man schlafen. Auch der kaiserlich-russische Herrgott schritt mit seinem kostbar gekleideten Gefolge durch die Baracke, und die Ikonen glühten im Ewigen Licht, und die Glocken des heiligen Mütterchens läuteten, und der alte Herr mit dem weißen Bart, im seidengefütterten Pelzmantel, vergrub seine Hände in den russischen Eingeweiden und nahm dem Russenmenschen die blutige Kugel heraus, und ihm wurde leicht, so leicht: »Ich danke dir, Gospodi, jetzt geht es mir gut.«

»Da schau, jeder von ihnen hat seinen Gott!«

Auch der Italiener aus Fiume (mamma mia, mamma mia!), auch er hat seine Kardinäle und Päpste und seine römischen Fahnen, und der Russe und der Ungar, jeder hat seinen Gott, und wen habe ich? Auch mir tut es weh, auch ich bin zerschossen worden, genauso wie die – ich habe niemanden!

Vidovic hatte jetzt solche Schmerzen, daß er die Hände erhob, um sie nach irgend jemandem auszustrecken; seine Hände blieben in der Luft hängen, und er spürte schreckliche Leere, es würgte ihn in der Kehle, und er begann laut zu weinen:

»O ja! Ich habe vor unseren Kneipen einen Christus hängen gesehen, es war ein richtiger kroatischer Christus, und alle zweiunddreißig Rippen waren ihm gebrochen, die Brust durchbohrt, und er blutete aus unzähligen Wunden. Und ich habe an ihn geglaubt. Zu solch einem hölzernen Christus, der auf der schmutzigen, eiterdurchflossenen Straße steht, in einer Gegend, die nicht einmal ein Betrunkener passiert, ohne sie zu verfluchen – zu einem hölzernen kroatischen Gott, der nackt und elend ist und dem der linke Fuß fehlt, oh, zu einem solchen Gott, der eine Soldatenkappe trägt, zu dem könnte ich beten, er allein könnte mir helfen.
(Lieb Vaterland, magst ruhig sein,
Wir wollen alle Mütter sein –
Fest steht und treu die Wacht am Rhein!)

Was ist los? Bin ich wahnsinnig geworden? Zu wem bete ich da? Ich habe Schmerzen. Ich bete. Was für Stimmen sind das?«

Von draußen strömte durch den grünen Gazevorhang über Vidovics Kopf gelbes Licht herein, und er hörte Frauenstimmen, die in Moll leise Verse sangen, und er hörte Kristallgläser klingen. Sie klangen leise, und auch die Stimmen waren leise, aber deutlich: Lieb Vaterland, magst ruhig sein...

Gleich neben der Baracke 5 b stand eine Laube, in der die Ärzte und Ordensdamen vom Roten Kreuz regelmäßig zu Abend aßen, und heute war ausnahmsweise auch Graf Axelrode bei einem Festessen anwesend, um mit dem Personal zusammen den Sieg zu feiern.

Von diesem großartigen Ereignis angespornt – es hatte ja schon geschienen, als seien die Würfel falsch gefallen, und dann hatte alles eine Wendung zum Guten genommen – und von den patriotischen Melodien seiner patriotischen Damen, die bereit waren, jedermann für den Krieg zu begeistern, eingelullt, erhob sich Graf Maximilian Axelrode, Komtur des Malteserordens, und hob sein Glas, um einen Toast auf den Sieg auszubringen. Er sprach hingerissen von den siegreichen Feldzügen Seiner Majestät, in welchen auch von jeher die Malteserfahne geweht hatte, unbesiegt und souverän: »Meine Damen! Luogotenente Fra Giovanni Battista Ceschi a Santa Croce, der mit eigenen Augen den Angriff der Jakobiner auf unser heiliges Malteserkreuz mitangesehen hat und den hier vorzustellen ich die Ehre habe, dieser edle Ritter, meine Damen, hat in seiner Chronik geschrieben, daß die schwarzen Malteserpelerinen im göttlichen Schatten Spalier stehen würden, wenn dereinst der Herr über der erloschenen Sonne das Gute vom Bösen scheiden würde.«

Vidovic hörte das Klirren der Gläser in der Laube und erkannte die Stimme des gräflichen Kommandanten, und dessen maskenhaftes Gesicht fiel ihm ein, wie er es heute Abend beim Fackelzug gesehen hatte.

»Ich bin wahnsinnig geworden. Ich wollte schon beten. Und dabei singen die da draußen und feiern den Sieg, und dieser Malteserritter hält eine Rede...«

»Was ist mit Nummer 9? Er hat sich die Kanüle aus dem Hals gezogen, er blutet! Schwester!«

»Pst! Pst!«

»Aber Nummer 9 blutet! Schwester!«

»Wo sind sie denn alle? Wo ist die Schwester? Nummer 9...«

Draußen in der Laube, jenseits der weißgestrichenen Bretterwand, klangen die Gläser aneinander, und hier hatte sich Nummer 9 in der Agonie die Kanüle aus dem Hals gerissen, und sein Blut floß. Nummer 9 atmete schwer, er röchelte wie ein abgestochenes Schwein, immer leiser und leiser...

Vidovic wollte schreien, er hatte aber keine Stimme mehr. Es wurde ihm klar, daß man für Nummer 9 eine Kerze anzünden sollte.

»Man müßte eine Kerze für ihn anzünden. Für sein Seelenheil«, wiederholte er ununterbrochen, und seine Augen starrten auf die Blutlache von Nummer 9. Und er wollte aus ganzer Kraft schreien, aber durch seine Kehle pfiff es nur wie durch ein Sieb.

»Kusch. Der Teufel soll deine Mutter holen.«

»Az apád istennét! Csönd!«

»Kusch!«

»Nummer 9 ist gestorben! Nummer 9 ist gestorben! Und diese Kavaliere draußen singen und stoßen mit den Gläsern an. Fra Giovanni Battista a Santa Croce. Ich möchte ihn sehen. Ich möchte diesen Malteserkavalier sehen...«

Und in einer letzten Aufwallung, die eigentlich der Todeskrampf war, stand Vidovic auf und zerriß den Gaze-Vorhang über seinem Kopf. Da tat sich ihm ein helles Quadrat auf, und in dem blaßgrünen Licht sah er zwischen den Blättern der Laube weiße Damen mit roten Kreuzen sitzen, betrunken und laut lachend, diese zukünftigen Mütter zukünftiger Mörder.

»Pfui!« wollte Vidovic schreien, und ein letzter heller Gedanke blitzte in seinem Kopf auf: man müßte den Nachttopf nehmen und mit allem Dreck auf das weiße Tischtuch werfen, damit ein großer Fleck entstünde, ein riesengroßer, schrecklicher Fleck auf dem weißen Tischtuch, und alle mit den Fingern zeigten und schrien: Dreck! Dreck!

In dem Bestreben, diesen seinen letzten, jämmerlichen Gedanken zu verwirklichen, bückte sich Vidovic nach seinem Nachttopf und fühlte noch im Fallen, wie seine Hände in den schrecklichen Dreck fuhren. Dann wurde alles in Blut getaucht, in das Blut, das wie ein Sturzbach aus ihm hervorquoll.

Miroslav Krleža

Ohne mich
Eine einsame Revolution

Roman

»Ohne mich - Eine einsame Revolution« (1938) ist ein furioser Angriff auf die stabile Selbstgefälligkeit der Einen mit der weißen Weste und ein ebensolches Plädoyer für die wenigen Anderen, die noch Menschen sind und zumeist gar nicht stabil. Dieser zum Teil witzige und sarkastische, dann wieder verzweifelt bittere, über längere Passagen auch philosophische Monolog gilt dem Aufbegehren eines angesehenen Rechtsanwalts im Agram der 30er Jahre gegen das menschenverachtende Auftrumpfen eines stadtbekannten Generaldirektors. Als er diesen für das Niederschießen von vier kleinen Dieben einen Verbrecher nennt, stellt er sich außerhalb der Welt des »homo zylindriacus«, und im selben Moment beginnt ein langwieriger Prozeß, in dessen Verlauf sich die Maßstäbe von Anstand, Moral und Gerechtigkeit völlig verkehren, bis der Schuldige sich wieder seiner weißen Weste erfreuen kann und der Ankläger schließlich der Angeklagte und Verurteilte ist.

Band 5824

Fischer Taschenbuch Verlag

fi 287 / 1

Miroslav Krleža

Tausendundein Tod

Erzählungen

Band 5494

»Meine Gespräche mit Toten sind unverhältnismäßig lebendiger als alle Berührungen und alle Worte, die ich mit Personen zu wechseln pflege, die mich als angeblich Lebende umgeben.« Dieser Satz aus der Erzählung ›Die Grille unter dem Wasserfall‹ könnte als Motto über allen Erzählungen stehen, die Miroslav Krleža 1933 unter dem Titel ›Tausendundein Tod‹ zusammengefaßt hat. Ob der Realschullehrer Kuketz die unsäglich traurigen und schäbigen Sonntagnachmittage in der Provinz nicht länger erträgt, die kleine Hure Maria aus panischer Angst vor der Göttlichen Gerechtigkeit, sich in einem Hotelzimmer vergiftet, ob der Polizeiwachtmeister gegen Ende seines Lebens plötzlich aus seiner vorschriftsmäßigen Untertanengesinnung herausfällt und ein intellektueller Phantast dahinstirbt, weil er den Glauben an die Menschheit verloren hat – alle diese Tode sind, auch und gerade in ihrer Banalität, ein Gleichnis. Sie stehen für die verzweiflungsvolle Leere, die Trostlosigkeit und Unmenschlichkeit in einer Gesellschaft, die in ihren abgelebten Konventionen erstarrt ist und nur noch dazu dient, die soziale Ungerechtigkeit zu verwalten.

Fischer Taschenbuch Verlag

fi 1031/1

Miroslav Krleža

Ein enzyklopädischer Geist und
streitbarer Humanist, der die Literatur Jugoslawiens
entscheidend geprägt hat.

Der kroatische Gott Mars
Erzählungen

Tausendundein Tod
Erzählungen

Bankett in Blitwien
Roman

Ohne mich – Eine einsame Revolution
Roman

Die Rückkehr des Filip Latinovicz
Roman

Galizien · Die Glembays
In Agonie · Leda · Die Wolfsschlucht
Dramen

Eine Kindheit in Agram
Erinnerungen

Essays
Über Kunst und Literatur

athenäum

Juan Rulfo

Dionisio Pinzón verdient sich seinen Lebensunterhalt in einem armen mexikanischen Provinzdorf als Ausrufer, Marktschreier und »Ansager« bei Festlichkeiten. Eines Tages bekommt er einen bei einem großen Kampf verwundeten Hahn geschenkt; er pflegt ihn gesund und verläßt das Dorf, um sein Glück als Gallero zu versuchen. Juan Rulfo erzählt die Geschichte in knappen, eindringlichen Bildern, die Geschichte eines Emporkömmlings, der alle Reichtümer gewinnt und doch nur dahinvegetiert.

Der goldene Hahn
Erzählung
1984. 128 Seiten. Broschur

bei Hanser